Dienst am Wort

Die Reihe für Gottesdienst und Gemeindearbeit

86

Altes Testament christlich gepredigt

Verlag Vandenhoeck & Ruprecht
in Göttingen

Altes Testament christlich gepredigt

Von Rudolf Smend

Verlag Vandenhoeck & Ruprecht
in Göttingen

Rudolf Smend

Geboren Berlin 1932, Promotion Basel 1958, Habilitation Bonn 1962, Professor für Altes Testament Berlin 1963–65, Münster 1965–71, Göttingen seit 1971. D.D. St. Andrews, Ehrenmitglied der Society for Old Testament Study, Alfried Krupp-Preis 1998. Vizepräsident der Deutschen Forschungsgemeinschaft 1986–92, Vizepräsident bzw. Präsident der Akademie der Wissenschaften zu Göttingen seit 1994.

Buchveröffentlichungen u. a.: Die Entstehung des Alten Testaments (1978, 4. Aufl. 1989); Gesammelte Studien I–III: Die Mitte des Alten Testaments (1986), Zur ältesten Geschichte Israels (1987), Epochen der Bibelkritik (1991); Deutsche Alttestamentler in drei Jahrhunderten (1991); J. G. Herder, Schriften zum Alten Testament (Hg., 1993); Das Alte Testament im Protestantismus (Hg., 1995); Bibel, Theologie, Universität (1997).

Die Deutsche Bibliothek – CIP- Einheitsaufnahme

Smend, Rudolf:
Altes Testament christlich gepredigt / von Rudolf Smend. –
Göttingen : Vandenhoeck und Ruprecht, 2000
(Dienst am Wort; 86)
ISBN 3-525-59350-3

Umschlagabbildung:
Rembrandt, Jakobs Kampf mit dem Engel (um 1659).
Gemäldegalerie Berlin.

Satz: Dörlemann Satz, Lemförde
Druck- und Bindearbeiten: Hubert & Co, Göttingen

Inhalt

Paul Mikat

zum 75. Geburtstag

Gott hat geredet

Predigt über Hebräer 1,1–2 am 21. April 1974 (Quasimodogeniti) in der Universitätskirche St. Nikolai in Göttingen

Liebe Gemeinde!
Den Predigten in unserer Universitätskirche werden in diesem Sommersemester Texte aus dem Alten Testament zugrundeliegen. Wir beginnen heute mit Bedacht mit einem Text aus dem *Neuen* Testament. Er steht in den ersten beiden Versen des Briefes an die Hebräer und lautet:

> *Nachdem Gott vorzeiten manchmal und auf mancherlei Weise geredet hat zu den Vätern durch die Propheten, hat er in diesen letzten Tagen zu uns geredet durch den Sohn.*

Gott hat geredet. Dieses eine gibt unserem Zusammensein Sinn und Notwendigkeit. Jeder kommt mit irgendeiner Erwartung in unsere Gottesdienste, jeder verläßt sie mit irgendeiner Erinnerung. Das ist unter uns so verschieden, wie die Wege verschieden sind, auf denen wir hierher kommen, so verschieden wie die Erfahrungen, die wir machen, die Schmerzen, die wir erleiden, die Freuden, die wir genießen, die Begegnungen, die uns widerfahren, die Bücher, die Zeitungen und die Briefe, die wir lesen, die Erfolge und die Mißerfolge, die wir haben, die Gedanken, die wir ganz oder halb denken oder auch unterdrücken. Aber dieses eine sollte doch bei uns allen irgendwie beteiligt sein, sollte bei keinem von uns in der Erwartung und dann in der Erinnerung gänzlich fehlen, dieses eine: Gott hat geredet – darum kommen wir hierher, um dieses ganz und gar nicht Alltäglichen, sondern Unglaublichen, Erschreckenden und Befreienden willen. Wenn dieses eine nicht wäre, wenn Gott nicht geredet hätte, dann wären unsere Versammlungen hier bei allem, was man möglicherweise sonst zu ihren Gunsten sagen könnte, dumm und lächerlich, eine Zeitvergeudung und eine Blamage, dann hätten wir schleunigst diese Kanzel und diese Bänke und nebenbei, soweit wir dort tätig sind, auch das Theologicum da drüben zu räumen und uns möglichst unauffällig in alle vier Winde zu zerstreuen und etwas Rechtes zu tun. Wenn es aber stimmt, dieses eine, daß Gott geredet hat, dann kann es nichts Wichtigeres geben, als auf diese Rede zu hören und nach ihr zu tun.

Stimmt es denn? Vor einem unbedachten schnellen schönen frommen orthodoxen Ja sei gewarnt; es kann schnell und grausam vergehen, es kann auch einer langsamen Schwindsucht erliegen. Wenn wir unsere normale Erfahrung mit Gott in Beziehung bringen, dann spielt doch wohl bei den allermeisten von uns sein Schweigen eine viel größere Rolle als sein Reden, trifft es uns viel stärker. Da geschieht all das Entsetzliche in dieser Welt, Haß, Brutalität, rücksichtsloser Egoismus im großen und im kleinen – und Gott schweigt dazu. Da sterben überall Menschen einen Tod, den wir nur sinnlos und schrecklich finden können, an Grenzen, in Lagern, auf Straßen, in Krankenhäusern – und Gott schweigt dazu. Das ist es doch, was wir zu sehen meinen. Und dann steht es schlimm um uns, aber auch schlimm um Gott. Schweigt er etwa, weil er nicht reden *will*, weil ihm an dieser Welt nichts liegt und es ihm nichts ausmacht, sie sich selbst zu überlassen? Ist er unsere ferne Grenze, der uralte heilige Vater mit der gelassenen Hand, der dem Spiel der Welle zusieht, die uns hebt und verschlingt? Ist er etwa ein Zyniker? Oder ist er ganz einfach machtlos, schweigt er, weil er gar nicht reden *kann*, weil er stumm ist, schon immer stumm oder stumm geworden, tot, ein toter Gott, gar kein Gott? Ganz fremd wird dieser Gedanke keinem von uns sein, und mancher wird nur noch so beten können, daß er beginnt: O du Gott, wenn es dich denn gibt, wenn du nicht tot bist und stumm, dann antworte, dann rede, dann schreite ein!

Wie aber, wenn uns Gott beim Wort nimmt, wenn er plötzlich antwortet und eingreift? Wünschen wir das wirklich? Die Antwort „ja" ist leicht gegeben. Und natürlich: wir können Gottes Hilfe immer gebrauchen, und manchmal ist sie uns verzweifelt nötig. Aber können wir auch *Gott* immer gebrauchen? Wir haben uns ohne ihn eingerichtet, er kommt bei uns nicht vor, unter normalen Menschen spricht man von ihm nicht. Oder umgekehrt, scheinbar umgekehrt: wir haben uns mit ihm eingerichtet, er spielt in unserem Denken und Leben schon eine Rolle, wir haben ein Bild von ihm, das wir nicht gern entbehren, er ist unser Höchstes oder Tiefstes, um das wir uns redlich mühen, wir wissen vielleicht klug von ihm zu reden, tun das gar von Beruf, wenn wir Theologen sind. Was für eine Störung, ja was für einen Schrecken kann es bedeuten, wenn da auf einmal Gott selbst redet! Das gilt nicht nur, wenn wir uns ohne ihn eingerichtet haben, sondern genau so und womöglich noch mehr, wenn wir uns mit ihm eingerichtet haben, über ihn klug zu reden wissen, seine Karten zu kennen meinen. Wohl niemand von uns möchte in die Situation kommen, die den Streit zwischen Hiob und seinen Freunden beendete: Gottes Rede aus dem Sturm; die guten Theologen, die die Freunde waren, schneidend als solche disqualifiziert, die nicht recht von Gott geredet hatten; aber auch Hiobs Eingeständnis seiner Schuld, seine Buße in Sack und Asche: „Vom Hörensagen hatte ich von dir gehört, aber nun hat mein Auge dich gesehen."

Allerdings wird Gott zu uns auf dieser Erde wohl kaum noch aus dem Sturm reden wie zu Hiob. Wir können es nicht hoffen und brauchen es nicht zu befürchten. Diese Art Gottes zu reden hat ihre Zeit gehabt und ist vorbei, lange vorbei. Der Hebräerbrief, dessen Anfang unser Predigttext ist, steht unter dem Eindruck einer letzten und endgültigen Rede Gottes: Gott hat *in diesen letzten Tagen zu uns geredet durch den Sohn. Diese letzten Tage* bedeuten nicht einfach die damalige Zeit: „letzthin", „kürzlich", „vor ein paar Jahren oder Jahrzehnten", nein sie bedeuten die endgültige Zeit, die Endzeit, die Zeit der Entscheidung, in der die Wahrheit herausgekommen ist, so herausgekommen, daß ihr in der Substanz nichts mehr hinzugefügt werden kann, aber auch nichts mehr hinzugefügt zu werden braucht. Und in den 1900 Jahren seit dem Hebräerbrief ist ihr trotz allem, was da geschah, tatsächlich in der Substanz nichts hinzugefügt worden. Diese Wahrheit überbieten zu wollen, hieße leugnen, nicht anerkennen, übersehen, daß sie Gottes Rede in den letzten Tagen, daß sie Gottes letzte, endgültige, unüberbietbare Rede gewesen ist und ist. Also kein „Märchen aus alten Zeiten", das uns „nicht aus dem Sinn kommt" und dann eben doch aus dem Sinn kommt, nichts Romantisches also und auch nur am Rande etwas Historisches. Diese letzte Rede Gottes geschah *durch den Sohn*, wir können auch sagen: sie *war* der Sohn. Jesus von Nazareth, am Kreuz hingerichtet und von den Toten auferstanden, Israels Messias und den Völkern verkündigt als Gottes Lamm, das alle Sünde getragen hat, so daß wir nicht verzagen müssen: er war und er ist Gottes Entscheidung über uns und also – sonst wäre Gott ja nicht Gott – die Wahrheit, nicht *eine* Wahrheit, sondern *die* Wahrheit, zu der alle anderen Wahrheiten relativ sind, auch die, um die wir uns in diesem Semester in unseren Fakultäten und Fachbereichen bemühen werden.

Es ist ganz leicht und ganz schwer, diese Wahrheit, Gottes Wahrheit in Jesus Christus, zu begreifen, zu beschreiben und so weiterzugeben, daß sie gehört wird als das Wichtigste und Nötigste, was man überhaupt hören kann. Dieses ganz Leichte und ganz Schwere ist vor allem der Predigt in unseren Kirchen aufgetragen. Es ist – recht verstanden und ohne daß damit irgend etwas anderes verkleinert werden soll –, wenn es denn stimmt und keine Illusion ist, daß Gott geredet hat, der wichtigste und nötigste Auftrag, den Menschen bekommen können, und zugleich der, wo ihre Unzulänglichkeit und ihr Versagen deutlicher und schmerzlicher sein muß als irgendwo sonst und wo sie darum – lassen Sie es mich so sagen: – Disziplin und Phantasie brauchen wie kaum irgendwo sonst, Disziplin und Phantasie im Reden und in Hören, damit sie nicht das Leichte schwer und das Schwere leicht machen und die Wahrheit verfehlen und verraten.

Und nun wollen wir in diesem Semester über Texte aus dem Alten Testament predigen, Texte also, die der endgültigen Rede Gottes vorangehen, die den Sohn als die Wahrheit noch nicht kennen. Aber auch in ihnen redet Gott, derselbe Gott, der Vater des Sohnes. Wir dürfen die beiden Glieder des Anfangssatzes des Hebräerbriefes umstellen und lesen: Bevor Gott in diesen letzten Tagen zu uns geredet hat durch den Sohn, hat er *vorzeiten manchmal und auf mancherlei Weise zu den Vätern ge-*

redet durch die Propheten. Das Evangelium hat also bei Gott und den Menschen eine Vorgeschichte, ist Ziel eines Weges, eines Weges mit Höhen und Tiefen und Umwegen, der oft mit langem und oft mit kurzem Atem und unter letzter Kraftanstrengung gegangen oder auch gestolpert wurde, auf die Erfüllung einer Verheißung und einer Hoffnung hin. Es wäre Dummheit und Leichtsinn, das Evangelium unter Absehung davon verstehen zu wollen. So ist es geboten, es auch immer wieder nach Texten zu predigen, die aus dieser Vorgeschichte, von diesem Weg stammen.

Was umgreift nicht alles dieses *manchmal und auf mancherlei Weise*: tausend Jahre, ein kleines Volk in gefährlicher geographischer Lage unter den Mächten ringsum, in einem Augenblick von deren Schwäche zu einem halbwegs respektablen Staat geworden, aber bald politisch in zwei selbständige Hälften geteilt, beide Hälften nacheinander um die politische Selbständigkeit gebracht, die Bevölkerung deportiert, in der einen Hälfte später eine allmähliche Restauration, aber mit nur kurzer Unterbrechung Fortdauer der drückenden Fremdherrschaft; an dieses Volk durch eine lange Reihe von Männern und gelegentlich Frauen, *die Propheten*, die Rede Gottes, des einen Gottes, der keinen anderen Gott neben sich duldet: Zusage von Segen und Beistand, Anweisung zum rechten Tun, härteste Kritik an Abgötterei und unsozialem Verhalten, Ankündigung des Gerichts, Verheißung des künftigen Heils; und die Antwort der Menschen, der Könige, Richter, Priester, Propheten, Minister, Soldaten, Musikanten, Literaten, Hirten, Bauern und Städter, der Armen und Reichen, Gerechten und Übeltäter, Weisen und Toren, Glücklichen und Unglücklichen: Lobpreis dieses Gottes, Dank, Klage, Schrei um Hilfe; daneben die nüchterne, aber vor dem einen Gott unternommene Betrachtung der Welt in ihrer Vielgestalt, der Versuch, Erfahrungen zu summieren und in Regeln zu fassen, damit das Leben bewältigt werden kann; allem vorangestellt das Schöpferwort: „es werde Licht – es werde eine Feste – lasset uns Menschen machen – und siehe, es war sehr gut".

Schon von diesem Anfang aller Dinge behauptet das Neue Testament, er sei durch die Wahrheit geschehen, die dann als die letzte und endgültige Fleisch geworden von Gott zu den Menschen kam, durch den Sohn. So daß hinter dem bunten Nebeneinander und oft Gegeneinander des *manchmal und auf mancherlei Weise* doch das eine, der Eine steht und wir es alles darauf, auf ihn beziehen dürfen, ja beziehen sollen und müssen. So daß wir uns aber auf der anderen Seite auch diesem *manchmal und auf mancherlei Weise* hingeben dürfen und sollen und müssen, nicht nur, weil ein Griff ins Alte Testament immer ein Griff „ins volle Menschenleben" ist – „ein jeder lebt's, nicht vielen ist's bekannt, und wo ihr's packt, da ist's interessant" und: „wer vieles bringt, wird jedem etwas bringen" – ja, das auch, aber vor allem und allein legitim doch darum, weil hier *vorzeiten manchmal und auf mancherlei Weise* der Gott geredet hat, der unser Gott ist.

Er will aus den Blättern dieses Buches auch in diesem Sommersemester zu uns reden, *manchmal und auf mancherlei Weise*, freilich nicht durch Propheten – oder doch jedenfalls im großen Ganzen nicht durch Propheten –, sondern durch Leute, die die ganz leichte und ganz schwere, ja, wenn es allein von ihnen abhinge, unmögliche, sie hoffnungslos überfordernde, gleichermaßen Größenwahn und Verzweiflung hervorrufende Aufgabe haben, als Botschafter an Christi Statt die Anwesenden mit dem allen auf mancherlei Weise immer wieder das eine zu bitten: Laßt euch versöhnen mit Gott! Seid was ihr seid, wozu ihr, auch als Göttinger Universitätsgemeinde, gemacht seid: das neue Israel, das von sich aus dem alten Israel nichts voraus hat, das aber dazu befreit ist, endgültig nicht mehr dem Gericht entgegengehen zu müssen – das Gericht hat ja der Mann am Kreuz ertragen –, das neue Israel, das von dem alten Israel noch immer unendlich viel lernen kann und das mit ihm zusammengeschlossen ist in dem Satz des Alten Testaments, den Jesus dem Versucher entgegenhält, der will, was ja auch wir immer so gerne von ihm wollen, nämlich daß er aus Steinen Brot macht: „Der Mensch lebt nicht vom Brot allein, sondern von einem jeglichen Wort, das durch den Mund Gottes geht."

Amen.

Das Zeichen des Kain

Predigt über Genesis 4,1–16a am 13. September 1981 (13. Sonntag nach Trinitatis) in der Erlöserkirche in Jerusalem

Und Adam erkannte sein Weib Eva, und sie ward schwanger und gebar den Kain und sprach: Ich habe einen Mann gewonnen mit Hilfe des Herrn. Danach gebar sie Abel, seinen Bruder. Und Abel wurde ein Schäfer, Kain aber wurde ein Ackermann. Es begab sich aber nach etlicher Zeit, daß Kain dem Herrn Opfer brachte von den Früchten des Feldes. Und auch Abel brachte von den Erstlingen seiner Herde und von ihrem Fett. Und der Herr sah gnädig an Abel und sein Opfer, aber Kain und sein Opfer sah er nicht gnädig an. Da ergrimmte Kain sehr und senkte finster seinen Blick. Da sprach der Herr zu Kain: Warum ergrimmst du? Und warum senkst du deinen Blick? Ist's nicht also? Wenn du fromm bist, so kannst du frei den Blick erheben. Bist du aber nicht fromm, so lauert die Sünde vor der Tür, und nach dir hat sie Verlangen; du aber herrsche über sie. Da sprach Kain zu seinem Bruder Abel: Laß uns aufs Feld gehen! Und es begab sich, als sie auf dem Felde waren, erhob sich Kain wider seinen Bruder Abel und schlug ihn tot. Da sprach der Herr zu Kain: Wo ist dein Bruder Abel? Er sprach: Ich weiß nicht; soll ich meines Bruders Hüter sein? Er aber sprach: Was hast du getan? Die Stimme des Blutes deines Bruders schreit zu mir von der Erde. Und nun: Verflucht seist du auf der Erde, die ihr Maul hat aufgetan und deines Bruders Blut von deinen Händen empfangen. Wenn du den Acker bebauen wirst, soll er dir hinfort seinen Ertrag nicht geben. Unstet und flüchtig sollst du sein auf Erden. Kain aber sprach zu dem Herrn: Meine Strafe ist zu schwer, als daß ich sie tragen könnte. Siehe, du treibst mich heute vom Acker, und ich muß mich vor deinem Angesicht verbergen und muß unstet und flüchtig sein auf Erden. So wird mir's gehen, daß mich totschlägt, wer mich findet. Aber der Herr sprach zu ihm: Nein, sondern wer Kain totschlägt, das soll siebenfältig gerächt werden. Und der Herr machte ein Zeichen an Kain, daß ihn niemand erschlüge, der ihn fände. So ging Kain hinweg von dem Angesicht des Herrn.

Liebe Gemeinde!
Dies ist das Erste, was in der Erzählung der Bibel auf unserer Erde geschieht. Das Paradies ist verloren, die Kerubim stehen mit dem Schwert davor, um es zu bewachen. Für die Menschen beginnt das sogenannte normale Leben mit allem, was das heißt, im Guten und im Bösen – mehr im Bösen als im Guten, wird mancher unter uns aus seiner Erfahrung sagen, und unsere Geschichte scheint ihn zu bestätigen.

Sie fängt an wie eine gute erbauliche Lebensgeschichte. Da wird ein Kind geboren, und die Mutter sagt dankbar einen frommen Spruch, mit dem sie ihm den Namen gibt. Mit der Hilfe des Herrn hat dieses Leben begonnen, und so soll es weitergehen. Das ist Kain. Welche Hoffnung ruht auf ihm, dem ersten Sohn der ersten Menschen!

Und dann wird noch einer geboren, aber über ihn sagt die Mutter keinen frommen Spruch, die Geschichte teilt nur kurz und sachlich seinen Namen mit: Abel – mehr nicht. Doch dieser Name, dieses hebräische Wort war für die Hörer und Leser nicht stumm. Noch in dem neuhebräisch-deutschen Lexikon, das ich mir vor dieser Reise nach Jerusalem gekauft habe, steht unter *Häbäl*, das ist Abel: Hauch, Dunst, Nichts. Aus Abel wird nichts werden, er ist ein Überzähliger, ein Vergeblicher, zum Scheitern bestimmt. Die Geschichte handelt eigentlich nur von Kain, er steht im Licht und Abel im Schatten. Aber auch Kain wird seinen Preis zahlen müssen.

Die Brüder werden erwachsen, treten ins selbständige Leben, der eine wird Hirt, der andere Bauer – die beiden Hauptberufe im alten Palästina, wie wir es aus der Patriarchengeschichte und der noch gar nicht so fernen Vergangenheit dieses Landes kennen. Alles scheint seinen guten Gang zu gehen. Dazu gehört auch das Opfer, das die beiden bringen. Das rechte Leben und damit auch der Beruf will vor Gott geführt sein, mit Dank und Bitte an ihn. Aber gerade hier kommt es zur Katastrophe.

Der Herr sah gnädig an Abel und sein Opfer, aber Kain und sein Opfer sah er nicht gnädig an. Wir erfahren nicht, woran die beiden das gemerkt haben, auch nicht, ob das an den Opfern selbst gelegen hat oder an einer verschiedenen Haltung oder Verfahrensweise der Brüder oder daran, daß Gott an Abel überhaupt mehr Gefallen hatte als an Kain. Das bleibt alles ganz offen, darauf kommt es hier nicht an. Wir hören nur, daß Gott dieses eine Mal – von anderen Malen ist nicht die Rede – dem einen Bruder vor dem anderen den Vorzug gab, dem Abel vor dem Kain.

Da ergrimmte Kain sehr und senkte finster seinen Blick. Das Alte Testament kann so etwas ganz unvergleichlich ausdrükken. Wörtlich heißt es: *Es entbrannte sehr in Kain, und sein Gesicht fiel nieder*; Luther übersetzte – man hat das inzwischen wegrevidiert –: *seine Gebärde verstellte sich.* Jeder von uns kennt den Jähzorn bei sich selbst oder bei anderen, leidet unter ihm und kann ihn doch nicht unterdrücken und manchmal verstehen. Hier bei Kain ist eine klassische Situation dafür. Der Bruder wird besser behandelt als er – weniges kann so erbitternd sein, das wissen alle, die Geschwister haben oder vielleicht sogar einer von zwei Brüdern sind. Und oft ist es vielleicht immer noch besser, so etwas entlädt sich in einem Wutanfall wie in einem Gewitter und ist dann vorbei, als daß es sich in den Menschen hineinfrißt und möglicherweise durch das ganze Leben Folgen hat, für ihn selbst und die anderen.

Aber, wie der Jakobusbrief sagt, „des Menschen Zorn tut nicht, was vor Gott recht ist". Wo wir zornig sind, kann es schnell gefährlich werden, und darum greift Gott selbst ein. Er redet den Kain an: *Warum ergrimmst du? Und warum senkst du deinen Blick?* Du bist jetzt gerade einmal gegen deinen Bruder im Nachteil oder glaubst es zu sein. Aber das ist kein Grund, unvernünftig zu werden, die Nerven und die Maßstäbe zu verlieren und gar eine Wahnsinnstat zu begehen. Wo käme die Welt hin, wenn jeder damit beschäftigt wäre, ohne Rücksicht auf die anderen rechts und links von ihm um ein Recht zu kämpfen, das er, und womöglich nur er allein, sich selber und vielleicht noch seinen Genossen zuspricht? Oder richtiger: wohin ist die Welt damit schon gekommen, daß das seit Kain und Abel jahraus jahrein, Tag für Tag, ja Minute für Minute überall geschieht? Besonders schlimm kann es zugehen, wenn, wie schon bei Kain und Abel, die Religion im Spiel ist, wenn um ein Recht gekämpft wird, das wir vor Gott oder von Gott zu haben glauben. An keinem Ort der Welt weiß man das besser als in Jerusalem, nirgends kennt man die Verbissenheit dieses Kampfes so gut wie hier.

Den Kain hindert seine Verbissenheit, *frei den Blick zu erheben.* Er starrt vor sich hin, kann dem andern nicht mehr ins Auge blicken, nicht mehr sehen, was ist. Und damit gibt er seine Freiheit auf und droht ein Sklave zu werden, ein Sklave der Sünde, die *vor der Tür lauert* und nach ihm *Verlangen hat*, wie ein wildes Tier, das auf Beute aus ist. Lassen wir sie herein, dann sind wir schnell verloren, dann beherrscht sie uns, dann tun wir nicht mehr, was wir wollen, sondern was sie will.

Du aber herrsche über sie, ist Gottes Gebot an Kain. Kein leichtes Gebot. Auch hier geht es ja um einen Kampf, einen Kampf um das Recht sogar, aber nun nicht nur unser eigenes wirkliches oder vermeintliches Recht gegenüber Gott und dem Nächsten, sondern vor allem um Gottes und des Nächsten Recht an uns. Die Sünde will uns einreden: Setz dich durch, achte nicht auf Gott und den Nächsten, ignoriere sie, benutze sie allenfalls und dann schlage sie tot, wenn's anders nicht geht – man kann ja auch Gott im Nächsten totschlagen oder das doch versuchen, und man kann auch auf andere Weise totschlagen als mit Schwertern und Bomben. Vielleicht nimmt die Sünde auch die Psychologie zu Hilfe und redet uns ein: mich gibt's ja gar nicht, es gibt nur Triebe und Hemmungen und Komplexe, die hat jeder und kann nichts dafür, die muß man ausleben, soweit das geht und richtig ist, zu verurteilen gibt es da nichts und zu kämpfen auch nicht. Oder die Sünde benutzt besonders klug – ein Kapitel vorher steht ja: „die Schlange war listiger als alle Tiere auf dem Felde" – also sie benutzt besonders klug die Theologie, die sie ja sicherlich auch kennt, wahrscheinlich sogar studiert hat, und redet uns ein: ihr könnt mich sowieso nicht besiegen, das kann nur Gott tun, und der hat es ja auch schon getan, also braucht ihr euch gar nicht mehr um mich zu kümmern, es ist mit euch auch ohne diesen Kampf schon in Ordnung.

Mögen da die Psychologie und die Theologie mehr oder weniger richtig zitiert sein – wenn die Sünde etwas zitiert, um sich damit zu entschuldigen oder zu verharmlosen, dann ist das immer ein unerlaubtes Zitat. Nur die Sünde selbst entschuldigt und verharmlost sich – uns, die wir doch nicht mit ihr identisch sind, ist verboten, das mit ihr zu tun. *Du aber herrsche über sie!*, so lautet die Anweisung, was wir mit der Sünde zu tun haben. Und falls Kain das damals noch nicht gewußt haben sollte, wir können wissen: der hier spricht, will unser Gutes, er steht auf unserer Seite gegen die Sünde, sieht uns getrennt von ihr, ohne sie, vergibt sie uns, hat sie uns schon vergeben. Er macht es uns wirklich leichter, ja macht es uns erst möglich, den Kampf zu führen, den zu kämpfen lohnt, in dem wir leben. Er läßt uns Herren – Herren mit männlichem und weiblichem Geschlecht – über das sein, was uns widerrechtlich beherrschen will, er läßt uns freie Menschen sein.

Kain hört das alles nicht, nimmt nichts davon zur Kenntnis. Es ist, als ob Gott überhaupt nicht zu ihm gesprochen hätte. Kain würdigt ihn keiner Antwort, sein Blick bleibt gesenkt und finster, sein nächstes Wort geht nicht an Gott, sondern an Abel: *Laß uns aufs Feld gehen!* Das ist das Erste, was in der Bibel ein Mensch zu einem anderen Menschen sagt: eine Verabredung, die zum Mord an diesem anderen Menschen führt. Von Abel ist keine Antwort, ja überhaupt kein einziges Wort überliefert, es wird auch nicht gesagt, daß er mitgegangen ist – was er doch offensichtlich getan hat! –, er bleibt im Schatten, stumm und passiv. Und so tut Kain nun das Letzte: da draußen, wo kein Mensch es sieht, da schlägt er den Bruder tot. Das Kapitel Abel ist erledigt – scheint erledigt.

Kein Mensch hat es gesehen, aber Gott ist da und fragt. Adam, den Vater, hat er gefragt: „Adam, wo bist du?“ Kain, den Sohn, fragt er: *Wo ist dein Bruder Abel?* Adam hat damals etwas kläglich geantwortet, der finstere Kain antwortet frech mit einer Lüge und einem Witz. Die Lüge: *Ich weiß nicht.* Der Witz: *Soll ich meines Bruders Hüter sein?* Braucht der Hirte seinerseits einen Hirten? Er kann doch selber auf sich aufpassen!

Aber Gott läßt sich so nicht abweisen. Das Kapitel Abel ist in Wahrheit nicht erledigt. Abel ist tot, aber sein Blut ist noch da und *schreit von der Erde*, und wenn auch kein Mensch dieses Schreien hört, Gott hört es. Vor ihm ist nichts verborgen, bei ihm geht nichts verloren, vor ihm sind auch alle die Schattenexistenzen, die Vergeblichen, die Abels, nicht verborgen, bei ihm sind sie nicht verloren, er tritt auf ihre Seite. Er rächt den Abel, indem er den Kain verflucht, mit einem schrecklichen Fluch, der den grausamen Mann ins Mark trifft: *Meine Strafe ist zu schwer, als daß ich sie tragen könnte.* Kain muß das bebaute Land verlassen, der Acker wird ihm keine Frucht mehr geben. Er muß fort, irgendwo in den Osten, jenseits des Jordans, wo er nichts anbauen kann, und dort wird er ständig ein Flüchtling sein: ein Mörder, der kein Recht mehr hat, den jeder totschlagen kann, der ihn findet.

Unter dem Schlimmen, das er aufzählt, sagt er auf einmal auch: *Ich muß mich vor deinem Angesicht verbergen.* Es geht für ihn also doch nicht ohne Gott und an ihm vorbei, es geht nicht mit dem finster gesenkten Blick, dem Überhören der Anrede von oben, mit der scheinbar unbeobachteten Tat da draußen auf dem Feld, der plumpen Lüge und dem schlechten Witz als Antwort. Gott ist nicht zu umgehen, mit ihm ist nicht zu spielen und zu spaßen. Auch Kain braucht ihn, braucht sein Angesicht, seine Anrede, seinen Segen – auch wenn der sich einmal verbirgt, wie bei jenem Opfer, das dieses ganze Verhängnis ins Rollen brachte. Was hat Kain sich verscherzt! Eigentlich sein ganzes Leben – denn was ihm bevorsteht, läßt sich kaum noch Leben nennen.

Das ist das Gesicht der Sünde, das kommt bei ihr heraus. Nicht als müßte es nun jedem Übeltäter so ergehen wie Kain und als müßte umgekehrt jeder Flüchtling in diesem Land und anderswo in unserer Welt, die so voll ist von Flüchtlingen, ein ganz besonderer Sünder sein. Nein, so einfach ist es nicht, da können wir keine Regeln aufstellen, und wir brauchen das auch nicht: vor Gott ist ja nichts verborgen, er weiß, was er zu tun hat, so unbegreiflich es uns auch oft sein mag. Aber das gibt es aus der Geschichte von Kain auch für uns zu wissen, ganz sicher zu wissen: die Sünde, die Schuld ist etwas Schreckliches, etwas, was sich in seinen Erscheinungen und Folgen schließlich und endlich nicht tragen läßt, mag es auch zeitweise so aussehen, mag sich die Wahrheit auch eine Weile mit Wegsehen, Frechheit und schlechten Witzen überspielen lassen. Wenn die Sünde uns beherrscht, sind wir verloren – aus dem einen und entscheidenden Grund, dem gegenüber alle anderen Gründe weniger wichtig sind: weil wir dann Gott gegen uns haben. Und das läßt sich nicht auf die leichte Schulter nehmen. Kain hat es versucht, und das Ergebnis war schrecklich. Er hat es sozusagen stellvertretend für alle getan, die nach ihm kamen, und also auch für uns – damit wir an ihm sehen und nun immer wissen, wie schrecklich das Ergebnis dieses Versuches ist. Darum steht diese Geschichte am Anfang der Bibel, unübersehbar, als Bescheid für uns alle, Warnung an uns alle.

Aber mit dem, was wir bis jetzt besprochen haben, ist die Geschichte ja noch nicht zu Ende. Nicht als käme jetzt noch ein richtiges *happy end*, wo die Hauptperson nun doch noch ganz glücklich wird und es herrlich und in Freuden zugeht. Nein, das nicht. Aber Gott macht noch etwas mit Kain, er macht ein Zeichen an ihm, durch das nun jeder sehen kann: das ist Kain. Der Ausdruck hat sich bei uns bis heute erhalten. Jemand trägt unsichtbar ein Kainszeichen, sagen wir, und das soll heißen: er hat sich durch eine böse Tat für alle unmöglich gemacht, oder sie haben ihn für unmöglich erklärt, mit ihm wird nicht mehr verkehrt, aus ihm kann werden, was will, er ist ein Ausgestoßener. Es gibt auch sichtbare Kainszeichen – schlimmste Erinnerung für manchen unter uns der Judenstern im Hitlerdeutschland, aber solches Brandmarken hat seitdem bei Fanatikern aller Art nicht aufgehört. Nur: dabei von Kainszeichen zu reden, verkehrt die Sache ins Gegenteil, zeigt, daß man mit der Lektüre der Bibel nicht einmal bis zum vierten Kapitel gekommen ist. Denn Gott will den Kain ja gerade nicht brandmarken, nicht bloßstellen, nicht vogelfrei machen. Sondern ausdrücklich heißt es: er machte das Zeichen an Kain, *daß ihn niemand erschlüge, der ihn fände.* Ein Totschlag an Kain soll sogar *siebenfach gerächt* werden. Also gerade dieser Kain steht unter Gottes Schutz, unter seinem ganz besonderen, siebenfachen Schutz. Wer ihn angreift, tut damit nicht, wie er vielleicht meint, etwas Gutes und Verdienstliches, sondern im Gegenteil: er verletzt göttliche Ordnung, bekommt es mit Gott selbst zu tun.

Und hiernach *ging Kain hinweg von dem Angesicht des Herrn*, irgendwo da in den Osten, in eine äußerst ungewisse Zukunft. Diese Zukunft kommt aus der Vergangenheit, aus seiner Vergangenheit: der schrecklichen Tat und dann der Stunde, in der er vor dem Angesicht Gottes stand und seit der er das Zeichen an sich trägt, das nun das Wichtigste und Lebensnotwendigste ist, was er hat.

Christliche Auslegung hat bei diesem Zeichen immer wieder an das Kreuz denken müssen, an das Zeichen, das wir Christen tragen. Wir haben nicht vor dem Angesicht Gottes stehen und den Fluch wegen unserer Taten empfangen müssen. Das hat der eine Mensch hier nebenan auf Golgatha für uns getan, er, der nichts von Kain an sich hatte, für uns, von denen jeder ein potentieller Kain ist, auch wenn er seinen Bruder noch nicht umgebracht hat und nicht einmal jähzornig ist. Jeder von uns trägt den Kain mit sich herum, und jeder könnte, ja müßte eines Tages vor Gott stehen und seinen Fluch empfangen. Aber das ist uns erspart geblieben, und wie Kain sein Zeichen, so tragen wir das Zeichen des Kreuzes, dessen Segen wir ebensowenig verdient haben, das uns aber nicht genommen werden kann, auch dort nicht, wo wir meinen, wir seien nun ganz weit weg von Gottes Angesicht, ganz in der Fremde – sei diese Fremde hier in diesem Land oder in Europa oder wo auch immer. Mit dem Zeichen des Kreuzes versehen, und das heißt als die Brüder Jesu Christi, der für uns den Fluch getragen hat, können wir wissen, daß dieses Angesicht nicht finster ist, sondern freundlich, daß es uns leuchtet auf allen unseren Wegen.

Amen.

Gottes Angesicht

Predigt über Genesis 32,23–33 am 28. Januar 1979 (4. Sonntag nach Epiphanias) in der Universitätskirche St. Nikolai in Göttingen

Und Jakob stand auf in der Nacht und nahm seine beiden Frauen und die beiden Mägde und seine elf Söhne und zog an die Furt des Jabbok, nahm sie und führte sie über das Wasser, so daß hinüberkam, was er hatte, und blieb allein zurück. Da rang ein Mann mit ihm, bis die Morgenröte anbrach. Und als er sah, daß er ihn nicht übermochte, schlug er ihn auf das Gelenk seiner Hüfte, und das Gelenk der Hüfte Jakobs wurde über dem Ringen mit ihm verrenkt. Und er sprach: Laß mich gehen, denn die Morgenröte bricht an. Aber Jakob antwortete: Ich lasse dich nicht, du segnest mich denn. Er sprach: Wie heißest du? Er antwortete: Jakob. Er sprach: Du sollst nicht mehr Jakob heißen, sondern Israel; denn du hast mit Gott und mit Menschen gekämpft und hast gewonnen. Und Jakob fragte ihn und sprach: Sage doch, wie heißest du? Er aber sprach: Warum fragst du, wie ich heiße? Und er segnete ihn daselbst. Und Jakob nannte die Stätte Pnuël; denn, sprach er, ich habe Gott von Angesicht gesehen, und doch wurde mein Leben gerettet. Und als er an Pnuël vorüberkam, ging ihm die Sonne auf; und er hinkte an seiner Hüfte. Daher essen die Israeliten nicht das Muskelstück auf dem Gelenk der Hüfte bis auf den heutigen Tag, weil er auf den Muskel am Gelenk der Hüfte Jakobs geschlagen hatte.

Liebe Gemeinde!
Das ist eine dunkle und ferne Geschichte, ein gefundenes Fressen für Leute, die aus ehrenwerten oder anderen Gründen das Alte Testament nicht mögen. In der Universität hat sich natürlich wohl oder übel der Alttestamentler damit zu befassen, aber er kann diesmal viel Kompetenz abschieben: auf die

Volks- und Völkerkundler (Abteilung Aberglauben), die Märchen- und Mythenforscher und vor allem natürlich auf die Tiefenpsychologen. Da gehört das unheimliche Stück hin, da mag man ihm mit Methode beikommen, und wenn das geschieht und wir weiter nichts mehr mit ihm zu tun haben, dann ist uns um einiges wohler, als wenn die Bibel gerade an dieser Stelle aufgeschlagen ist und uns hier und nirgendwo sonst anreden will. Aber wir kommen nicht darum herum: die Bibel kann verlangen, daß wir sie auch an einer Stelle wie dieser aufschlagen, um zu lesen und zu hören, was uns da gesagt sein könnte. *Ich lasse dich nicht, du segnest mich denn*, sagt Jakob zu dem unheimlichen Mann, der mit ihm ringt. Wir sollten uns diese energische Bitte und diese unbeirrte Erwartung immer zu eigen machen, wenn wir mit der Bibel umgehen, besonders wenn alles so dunkel und fern scheint wie hier.

Wer weiß, von wem diese Geschichte von Hause aus, in grauer Vorzeit einmal gehandelt hat – von irgendeinem für uns längst versunkenen Menschen im Ostjordanland, dem da in der tiefen Talschlucht des Jabbokflusses dies Ereignis widerfuhr. Das Alte Testament erzählt sie nun von einer seiner Hauptfiguren, dem Erzvater Jakob, dem Ahnherrn der Stämme Israels. Dieser Erzvater war zugleich ein Erzpfiffikus, und wohl keiner von der angenehmen Sorte. Das fing buchstäblich schon im Mutterleib an: als sein Zwillingsbruder Esau vor ihm herauskam, hielt Jakob, um nur ja den Anschluß nicht zu verpassen, Esau an der Ferse fest. Ferse heißt hebräisch *akeb*, darum Jaakob „der Fersenhalter". Und so machte er weiter. Er betrog den einfältigen Bruder mit List um die Erstgeburt und den Segen des Vaters, so daß Esau resigniert sagen mußte: er heißt mit Recht Jakob, denn er hat mich zweimal überlistet – *jaakob* von *akab*, so kann man den Namen auch lesen, und so tut es der Prophet Hosea: schon im Mutterleibe überlistete, betrog – *akab* – Jakob seinen Bruder. Nicht lange, dann muß der Übeltäter vor dem gerechten Zorn des Bruders fliehen, zu ferner Verwandtschaft, wo er schwer arbeiten muß und von seinem neuen Herrn Laban auch seinerseits kräftig übers Ohr gehauen wird. Aber er kommt doch wieder in die Höhe. Zwei Frauen – die Töchter seines Herrn –, zwei Nebenfrauen, elf Söhne und eine Tochter, dazu Sklaven und

Sklavinnen, große Herden von Kamelen, Kühen, Schafen und Ziegen sind am Ende sein Eigentum, erworben nicht nur durch Arbeit, sondern auch mit einigem *corriger la fortune*, eben nach Jakobsart. Kein Wunder, daß ihm auch hier eines Tages der Boden unter den Füßen heiß wird und ein neuer Ortswechsel ratsam, nun wieder in Richtung auf die alte Heimat, wo leider der Bruder sitzt, auch er inzwischen ein reicher und offenbar mächtiger Mann. Jakob hat allen Grund, dem Empfang mit äußerst gemischten Gefühlen entgegenzusehen. Er verhält sich vorsichtig und geschickt, verteilt das Risiko durch Staffelung seiner Karawane und sendet Boten an Esau mit Geschenken und guten Worten. Und auch zum Himmel wendet er den Blick, denn bei alledem ist er ein frommer Mann und hat Gott auf seinem ganzen Wege mit sich gewußt. Nun bittet er ihn in aller Demut, aber unter Berufung auf die große Verheißung an Großvater Abraham und Vater Isaak, ihn auch diese Situation durchstehen zu lassen: *Errette mich von der Hand meines Bruders, von der Hand Esaus; denn ich fürchte mich vor ihm, daß er komme und schlage mich, die Mütter samt den Kindern.* Und dann bleibt Jakob hinter der Karawane zurück am Fluß, die Gedanken konzentrieren sich auf das, was am nächsten Tage sein wird. Hoffentlich geht alles gut!

Niemand von uns ist Jakob. Aber vermutlich ist auch niemandem die Situation ganz fremd, in der Jakob sich befindet. Sie ist eine Grundsituation, vielleicht die Grundsituation in unser aller Leben. Hinter uns eine Vergangenheit, von der wir uns wegbewegen, der wir oft genug entfliehen wollen, weil wir mit ihr nicht im Reinen sind und sie uns Angst macht, vor uns eine Zukunft, in die wir wohl oder übel hinein müssen, obwohl sie uns noch mehr Angst machen kann, nicht nur wegen ihrer vielen eigenen Unberechenbarkeiten, sondern auch darum, weil uns da so viel von der Vergangenheit wieder begegnen kann. Auf weite Strecken unseres Lebens mag das nicht sehr aktuell sein, und mancher ist, beneidenswert, geschickt genug, oder, ebenso beneidenswert, dumm genug, es sich überhaupt immer zu verschleiern. Aber auch diese glücklichen Naturen haben hin und wieder etwas vor sich wie Jakob, bevor er den Jabbok überschreitet, um wieder mit Esau im gleichen Land zu sein.

Jedes Lebensalter kennt diese Situationen, am meisten, am dringendsten und bedrängendsten wohl die Jugend, in einer Universitätskirche gesagt: ungefähr die Studentenzeit, in der so manches Problem zu bewältigen, so manche Weiche zu stellen, so mancher Fluß zu überschreiten ist. Da kommt es darauf an, sich überlegt und besonnen zu verhalten, Aussichten und Risiken abzuschätzen, Fühler auszustrecken, bevor man in Verantwortung entscheidende Schritte tut. Und mancher verfällt, so oder ähnlich zwischen Vergangenheit und Zukunft gestellt, auch noch auf etwas, was er vielleicht Jahre nicht getan hat und Jahre nicht wieder tun wird: wie Jakob betet er, damit die Sache auch nach oben hin und von oben her ihre Ordnung hat, damit von dort nichts dazwischen kommt. Und dann blikken wir besorgt oder mutig oder beides in die Zukunft und denken: hoffentlich geht alles gut! Nach allem, was wir auf Erden und sicherheitshalber auch im Himmel getan haben, müßte ja eigentlich alles gut gehen.

Die Rechnung mag zehnmal aufgehen, beim elften Mal tut sie es nicht. Jakob ist nach all seinen Vorbereitungen am Fluß zurückgeblieben. Es ist Nacht, die Zeit, in der unsere normalen Maßstäbe oft so wenig gelten, die aber doch so viel Wahrheit birgt, und er ist allein, also, ob er das gesucht hat oder nicht, in dem Zustand, für dessen Chancen und für dessen Nöte wir in unserer gruppenfreudigen Zeit oft so wenig gerüstet sind, dem Zustand, in dem sich aber für uns so unendlich viel entscheidet und dem wir trotz aller Kommunikationen doch immer nur vorübergehend ausweichen können. Es gibt Dinge, die betreffen, ob wir das gut finden oder nicht, zuerst und dann auch zuletzt uns ganz allein. Um die letzte und grausamste Situation zu nennen, wie Luther sie am Anfang einer berühmten Predigtreihe mit diesen Worten einschärfte, um dann alles Folgende für jeden seiner Hörer unausweichlich dringend zu machen: „Wir sind allesamt zu dem Tod gefordert und wird keiner für den andern sterben, sondern ein jeglicher in eigener Person für sich mit dem Tod kämpfen."

Was dem Jakob in seinem Alleinsein widerfährt, ist allerdings vom Tod nicht weit entfernt. Unversehens sieht er sich – wenn hier von Sehen die Rede sein kann – keineswegs allein.

Ein Mann kämpft mit ihm. *Ein Mann*, sonst steht nichts da. Er kämpft mit ihm die ganze Nacht durch bis zur Morgenröte, pausenlos, atemlos, wortlos, gnadenlos. Und – wer von uns könnte das immer von den Kämpfen sagen, die er in seinen Einsamkeiten zu bestehen hat? – Jakob läßt sich nicht besiegen. Die Hüfte wird ihm verrenkt, aber mehr kann der Unbekannte nicht, und so will er – das Schweigen wird plötzlich gebrochen – von Jakob los, bevor der neue Tag seiner Einsamkeit ein Ende macht. Aber dieser erstaunliche Jakob gibt den Gegner nicht frei: *Ich lasse dich nicht, du segnest mich denn.*

Ist Jakob hier wie sonst der Pfiffikus, der aber auch jede Situation zu seinem Vorteil kehren, der aus allem Kapital schlagen kann? Oder allgemeiner: haben wir hier ein biblisches Vorbild, das uns, ungeachtet individueller Besonderheiten, lehren soll, daß wir allem, und seien es die Anfechtungen der Einsamkeit, der nächtlichen Einsamkeit, mit Energie eine gute Seite abgewinnen sollen? Das sollen wir, ja natürlich, wenn's geht, aber bei Jakob handelt es sich wohl doch um mehr. Er kämpft nicht mit Fleisch und Blut, er ist mit einer anderen Dimension konfrontiert, nein nicht nur konfrontiert, sondern im Handgemenge, einem schrecklichen, womöglich tödlichen Handgemenge. Aber mit der Größe des Gegenübers wächst auch Jakobs Kraft und wächst seine Verwegenheit: was vielleicht den Tod bringen sollte, ihm soll es Leben bringen. Die Kraft, mit der er es da zu tun hat, soll nicht gegen ihn sein, sondern für ihn, sie soll fortan eine Kraft ihm zugute sein. Das fordert er nun ohne alle Demut, ja mit brachialer Gewalt. Wo es um diese Macht geht, die den Tod, aber auch das Leben bedeuten kann, da gibt es keine falsche Bescheidenheit, da gilt notfalls, neutestamentlich gesprochen, unverschämtes Geilen.

Die Reaktion des mächtigen Gegenübers besteht zunächst in einer Frage: *wie heißest du?* Wo Gott mit dem Menschen zu tun hat, da nimmt er ihn nicht als Exemplar der Gattung, als Angehörigen eines Kollektivs – und sei dieses Kollektiv das Volk Gottes –, sondern da fragt er ihn nach seinem Namen. Er will es mit jedem von uns als dem zu tun haben, der er ist, er und nur er, nicht verwechselbar, nicht austauschbar, nicht vertretbar, mit seiner und nur seiner Eigenart und Vergangenheit.

Was soll Jakob antworten? *Jakob* natürlich. Jakob – das ist wohl auch im Himmel längst kein unbekannter Name mehr, von dem weiß man sich einiges zu erzählen, der ist kein unbeschriebenes Blatt. Was wird der himmlische Partner nun sagen, nachdem er weiß, wen er vor sich hat? Wir können es uns leicht vorstellen: „Also der bist du! Gut, danach werde ich jetzt mein Verhalten einrichten, ja eigentlich war mein bisheriges Verhalten in dieser Nacht schon das, das einem Jakob gebührte." Aber das sagt er nicht. Sondern er sagt: *Du sollst nicht mehr Jakob heißen, sondern Israel.* Deine Vergangenheit ist nichts, was deine Zukunft belasten soll. Du bist von ihren bösen Hypotheken frei, bist etwas Neues, ein Neuer; einer, der nicht mehr nur von seinen Eltern benannt ist, sondern von mir; den ich nach dem behandeln werde, was in dieser Nacht zwischen uns geschehen ist. Israel, „Gotteskämpfer" heißest du nun, *denn du hast mit Gott und mit Menschen gekämpft und hast gewonnen.* Dieser dein neuer Name wird in Zukunft immer genannt werden, wenn es um Gottes Geschichte mit den Menschen, um der Menschen Geschichte mit Gott geht.

Es entspricht Jakobs bisheriger Haltung, wenn er nun auch die Gegenfrage stellt: *Sage doch, wie heißest du?* Er hat ja einiges erfahren, weiß einiges, ahnt einiges, und eben ist auch schon das Wort *Gott* gefallen: *Du hast mit Gott und mit Menschen gekämpft.* Aber dieses Wort, *Elohim*, ist im Hebräischen nicht eindeutig, es kann mancherlei höhere Wesen bezeichnen, und Götter gibt es viele. Ein Engel war es, sagt der Prophet Hosea, und spätere Juden haben noch ganz anderes gesagt. *Warum fragst du, wie ich heiße?* reagiert Jakobs Gegenüber. Ja, warum? Doch wohl darum, weil wir, wenn irgendwo, dann hier wissen wollen und wohl auch wissen müssen. „Das schönste Glück des denkenden Menschen ist, das Erforschliche erforscht zu haben und das Unerforschliche ruhig zu verehren" – Sie kennen das Zitat, und wir können uns in der Universität nichts Besseres wünschen, als daß möglichst viele von uns dieses „schönste Glück" wenigstens in seiner ersten Hälfte hin und wieder ein wenig zu spüren bekommen. Aber wie steht es mit der zweiten Hälfte, der ruhigen Verehrung des Unerforschlichen? Kann man von Jakob verlangen, daß er ruhig verehrt, wo das Unerforschliche gerade so drastisch in sein Leben getreten ist? Er will wissen, hier und jetzt, nicht anderwärts und später wie die Theologie, die ein Geschäft des Tages und nicht der Nacht ist. Aber auch die Theologie wäre ja wohl nicht ohne diese Nacht Jakobs und ähnliche Nächte, und, wichtiger, das Israel nach dem Fleisch und das Israel nach dem Geist wären ohne sie nicht, was sie – trotz allem – sind, und wo wäre dann unser Glaube?

Trotzdem: Jakob erhält in jener Nacht keine Antwort auf seine Frage. Auch was einige Generationen später Mose auf die gleiche Frage zu hören bekommt, „Ich bin, der ich bin", ist noch eine halbe Abweisung, wenngleich da der hebräische Gottesname anklingt wie in „Israel" der „Gotteskämpfer". Und vollends steht der Name noch aus, der dann an die Stelle des hebräischen Gottesnamens treten wird, der Name, den einst der eine Mensch tragen wird, der in einer Person statt im Gegeneinander von zweien Himmel und Erde vereinigen und durch die Nacht seines Todes hindurch nicht nur Israel das Leben bringen wird. Der himmlische Kämpfer in der Jakobsgeschichte sagt seinen Namen nicht. Aber, und damit schließt seine dramatische Begegnung mit Jakob: *er segnete ihn daselbst.* Seine gute Macht wird Jakob von dieser Nacht an auf seinen Wegen begleiten.

Als alles vorbei ist, da staunt Jakob über das Vorgefallene: er hat Gott von Angesicht gesehen, so unbefangen drückt er es auf einmal aus, und ist doch am Leben geblieben, wie wenn er im Feuer gewesen wäre und doch nicht verbrannt. Darum nennt er die denkwürdige Stelle *Pnuel*, Angesicht Gottes. Jeder spätere Israelit soll an dieser Stätte wissen, was hier geschah.

Und dann geht die Sonne auf und, wie unsere Redensart nach tief einschneidenden Ereignissen sagt, das Leben geht weiter. Jakob wird sich wieder zu seiner Karawane gesellen, und dann kommt wohl oder übel, das hat diese Nacht nicht aus der Welt geschafft, das Zusammentreffen mit Esau. Es geht über alles Erwarten gut. Ja, als Jakob den Bruder sieht, da sieht er dessen Angesicht, als sähe er *Gottes Angesicht.* Gottes Angesicht, das hat er gerade in der letzten Nacht gesehen und ist wunderbarerweise am Leben geblieben. Vielleicht ist er darum am Leben geblieben, weil er am Tage darauf im Angesicht des Bruders, darin, wie der Bruder ihn ansah und sich zu ihm verhielt, das Angesicht Gottes wiedererkennen sollte.

Und noch etwas bleibt an ihm aus dieser Nacht, etwas, was jeder sehen kann: er *hinkt an seiner Hüfte*. Er ist ein gezeichneter Mann. Für manche Christen scheint es der schlimmste Gedanke zu sein, man könnte so etwas an ihnen bemerken. Sie demonstrieren unermüdlich, wie prächtig es sich als Christ leben läßt, und suchen dabei die Flottesten und Geschäftigsten unter den Kindern dieser Welt noch zu übertrumpfen. Ein Freund von mir behauptet, man könne die Pfarrer, seine Amtsbrüder übrigens, heutzutage am leichtesten daran erkennen, daß sie sich in möglichst jeder Hinsicht als das Gegenteil von Pfarrern gebärdeten. Vielleicht wird ja der neue Papst demnächst in dieser Richtung stilbildend wirken. Aber damit wäre er ganz sicher mißverstanden, und damit wäre noch viel mehr mißverstanden – oder verdrängt oder überspielt. Wer Gottes Angesicht gesehen hat, der hat es nicht unbedingt leichter als die anderen. Ihm macht manches zu schaffen, was den anderen nicht zu schaffen macht, darunter dies: daß man ihm so wenig dieses Wichtigste ansieht und anmerkt, nämlich daß er Gottes Angesicht gesehen hat. Er ist ja in so vielem noch der, der er vorher war, im Guten, aber auch im Bösen. Auch bei Jakob war das so, und es hat von da her seine Richtigkeit, daß er in den folgenden Kapiteln der Genesis viel öfter mit seinem alten Namen Jakob heißt als mit seinem neuen Namen Israel.

Aber das Ereignis jener Nacht am Jabbok kann nicht mehr ungeschehen gemacht werden. Was bleibt, wer bleibt, das ist nicht Jakob, sondern Israel, oder besser: das ist Jakob als Israel. Etwas sehr Ähnliches gilt von uns allen. Wir heißen nicht Jakob und nicht Israel. Aber wir sind kraft dessen, was in einer anderen Nacht und darauf an einem anderen Tage geschah, weil da ein anderer gekämpft und gesiegt hat, nach dem Namen dieses anderen genannt, auf seinen Namen getauft. Was da geschah, haben die meisten von uns – vielleicht alle, die wir hier sind – erst sehr nachträglich und allmählich bemerken können, wie ja auch Jakob erst nachträglich und allmählich bemerkte, mit wem er es zu tun hatte. Wir werden nie damit fertig werden, es zu bemerken. Und dabei bemerken wir wohl auch immer wieder, daß wir gerade als die Träger unseres neuen Namens *hinken*. Aber das ist, wie lästig und wie peinlich es uns auch ankommen mag, doch nur die Kehrseite des anderen und davon bei weitem aufgewogen: uns hat sich, ohne daß uns das das Leben kostete, *Gottes Angesicht* zugewendet und wir dürfen es an jedem nächsten Tag im Angesicht des Bruders oder der Schwester wiedererkennen.

Amen.

Hier bin ich

Predigt über Exodus 3,1–15 am 13. Juli 1986 (7. Sonntag nach Trinitatis) in der St. Johanniskirche in Göttingen

Mose aber hütete die Schafe Jitros, seines Schwiegervaters, des Priesters in Midian, und trieb die Schafe über die Steppe hinaus und kam an den Berg Gottes, den Horeb. Und der Engel des Herrn erschien ihm in einer feurigen Flamme aus dem Dornbusch. Und er sah, daß der Busch im Feuer brannte und doch nicht verzehrt wurde. Da sprach er: Ich will hingehen und die wundersame Erscheinung besehen, warum der Busch nicht verbrennt. Als aber der Herr sah, daß er hinging, um zu sehen, rief Gott ihn aus dem Busch und sprach: Mose, Mose! Er antwortete: Hier bin ich. Gott sprach: Tritt nicht herzu, zieh deine Schuhe von deinen Füßen; denn der Ort, darauf du stehst, ist heiliges Land! Und er sprach weiter: Ich bin der Gott deines Vaters, der Gott Abrahams, der Gott Isaaks und der Gott Jakobs. Und Mose verhüllte sein Angesicht; denn er fürchtete sich, Gott anzuschauen. Und der Herr sprach: Ich habe das Elend meines Volks in Ägypten gesehen und ihr Geschrei über ihre Bedränger gehört; ich habe ihre Leiden erkannt. Und ich bin herniedergefahren, daß ich sie errette aus der Ägypter Hand und sie herausführe aus diesem Lande in ein gutes und weites Land, in ein Land, darin Milch und Honig fließt, in das Gebiet der Kanaaniter, Hetiter, Amoriter, Perisiter, Hiwiter und Jebusiter. Weil denn nun das Geschrei der Israeliten vor mich gekommen ist und ich dazu ihre Not gesehen habe, wie die Ägypter sie bedrängen, so geh nun hin, ich will dich zum Pharao senden, damit du mein Volk, die Israeliten, aus Ägypten führst. Mose sprach zu Gott: Wer bin ich, daß ich zum Pharao gehe und führe die Israeliten aus Ägypten? Er sprach: Ich will mit dir sein. Und das soll dir das Zeichen sein, daß ich dich gesandt habe: Wenn du mein Volk aus Ägypten geführt hast, werdet ihr Gott opfern auf diesem Berge.

Mose sprach zu Gott: Siehe, wenn ich zu den Israeliten komme und spreche zu ihnen: Der Gott eurer Väter hat mich zu euch gesandt! und sie mir sagen werden: Wie ist sein Name?, was soll ich ihnen sagen? Gott sprach zu Mose: Ich werde sein, der ich sein werde. Und sprach: So sollst du zu den Israeliten sagen: „Ich werde sein", der hat mich zu euch gesandt. Und Gott sprach weiter zu Mose: So sollst du zu den Israeliten sagen: Der Herr, der Gott eurer Väter, der Gott Abrahams, der Gott Isaaks, der Gott Jakobs, hat mich zu euch gesandt. Das ist mein Name auf ewig, mit dem man mich anrufen soll von Geschlecht zu Geschlecht.

Liebe Gemeinde!

Ein Mann macht die Entdeckung seines Lebens. Er ist bei seiner gewöhnlichen Arbeit, bemerkt dabei etwas Ungewöhnliches, will es sich näher ansehen und findet sich plötzlich mit seinem Namen angeredet. Es folgt ein dramatisches Gespräch, in dem der Mann schließlich einen Namen zu hören bekommt, der noch viel wichtiger ist als sein eigener: den Namen Gottes, der sein Partner in diesem Gespräch gewesen ist.

Liebe Gemeinde, bei uns ist mit keinem Dornbusch zu rechnen, der brennt und doch nicht verbrennt, und wohl noch keiner von uns hat eine himmlische Stimme zu hören bekommen; wenn doch, läge es nahe, ihn auf seinen Geisteszustand untersuchen zu lassen. Aber wir tun gut daran, ebenso wie Mose bei all unserem gewöhnlichen Tun und Treiben unsere Augen und Ohren für das Ungewöhnliche offenzuhalten – nicht nur weil das sowieso interessant und nützlich ist, sondern auch darum, weil es ja sein könnte, daß wir dadurch auf etwas aufmerksam werden, was Gott uns zu sagen hat. Gute und böse Erlebnisse und Erfahrungen, also zum Beispiel die Freundlichkeit von Menschen, ein beglückender Erfolg von uns selbst oder von Leuten, denen wir ihn gönnen, oder auch nur der Gesang einer Amsel oder ein sonniger Urlaubstag – auf der anderen Seite Mißerfolg und Scheitern, Gefahr und Krankheit: sie sind nicht Gottes Anrede an uns, aber sie können uns darauf hinweisen, uns dafür öffnen, Signale dafür sein. Sicher können sie auch das Umgekehrte tun: uns davon ablenken und abbringen, uns dagegen verschließen. Aber das ist nie gut, und so sind wir eingeladen, auch in dieser Hinsicht offen und erwartungsvoll zu sein, also zu fragen: was ich da sehe oder höre, was mich da erfreut oder betrübt, reizt oder stört oder fesselt – hält es vielleicht im Hintergrund eine Anrede Gottes an mich bereit, eine Frage vielleicht oder eine Mitteilung oder einen Anstoß oder einen Auftrag? Davor sollen wir uns nicht drücken, dafür sollen wir zur Stelle sein wie Mose, der ganz einfach sagte: *Hier bin ich.* Hier bin ich: auf dieser Kanzel oder auf irgendeinem Platz in dieser Kirche, zu Hause oder auswärts, hinter dem Schreibtisch oder dem Ladentisch, im Autobus oder in der Eisenbahn oder auf dem Fahrrad, im Liegestuhl oder auf einer Tragbahre oder in einem Wartezimmer oder wo immer: hier bin ich.

Nach diesem *Hier bin ich* sagt Mose ganz lange überhaupt nichts. Er hört nur, was ihm gesagt wird. Und ihm wird viel gesagt.

Zunächst: *Tritt nicht herzu, zieh deine Schuhe von deinen Füßen; denn der Ort, darauf du stehst, ist heiliges Land!* Wo ich zu dir rede, da hört es erst einmal auf mit der Gewöhnlichkeit, da mußt du dich umstellen und dich bereitmachen für das Besondere, mit dem du es hier zu tun hast. Die Mohammedaner ziehen noch heute die Schuhe aus, bevor sie die Moschee betreten, die Katholiken reinigen sich symbolisch mit Weihwasser. Auf die äußere Art und Weise kommt nicht so viel an, die Form kann ein unentbehrlicher Halt sein, kann aber auch zur bloßen Konvention werden, die dem Besonderen gerade nicht mehr dient, sondern es als etwas Gewöhnliches erscheinen läßt. Und das ist es nicht! Gott ist keiner von uns, er ist tatsächlich ein Feuer, das uns verzehren kann, ja verzehren muß, wenn wir ihm – ich sag's mal so – mit ungewaschenen Händen gegenübertreten. Mose fürchtet sich, ihn anzusehen, er verhüllt sein Angesicht. Er weiß, daß die angemessene Reaktion auf die göttliche Gegenwart eigentlich nur die sein kann, die später Petrus in die Worte faßt: „Herr, geh hinaus von mir, ich bin ein sündiger Mensch!“

Aber gerade diesen sündigen Menschen ruft Gott an, zu ihm

redet er. Er redet zu Mose nicht über ihn selbst, über seine innere Verfassung, seine religiöse Individualität oder so etwas. Er redet zu ihm über ihrer beider Volk, das Volk des Mose, das das Volk Gottes ist. Gott kennt die Not dieses Volkes, er hat sie schon gesehen, bevor der Schrei aus der Tiefe zu ihm kam. „Euer Vater weiß, was ihr bedürft, bevor ihr ihn bittet." Seine Diagnose unserer Zustände ist klarer und tiefer als alles, was wir darüber zu sagen vermögen. Mit oder ohne unser Geschrei zu ihm handelt er, wie es ihm gefällt. Und wie es ihm gefällt, ist es gut für uns. Für das Volk Israel in Ägypten damals war es so gut, daß die Erinnerung daran eine Hauptsache im Leben dieses Volkes blieb. Er war der, der Israel aus der Knechtschaft in Ägypten gerettet hatte: damit war und blieb über ihn das Wichtigste, das Entscheidende gesagt, das war geradezu seine Definition, daran hielt man sich in den Nöten, die dann noch so reichlich kamen. Mochte die Gegenwart manchmal verzweifelt ähnlich aussehen wie die Knechtschaft in Ägypten – man wußte: damals war Gott *herniedergefahren*, damit er seine Israeliten *errette aus der Ägypter Hand und sie herausführe aus diesem Lande in ein gutes und weites Land, in ein Land, darin Milch und Honig fließt.* Und wie damals, so hoffte und glaubte sein Volk, würde derselbe Gott auch jetzt und in aller Zukunft handeln.

Dieses göttliche Rettungswerk, dieses Herausführen und Hineinführen ist das Ziel des Anrufs an Mose. Mose soll in den Dienst dieses Werkes treten. Nicht als hätte Gott, wie eine törichte Redensart unserer Tage uns weismachen will, keine Hände außer den unseren! Mose ist von solcher Arroganz weit entfernt: *Wer bin ich, daß ich zum Pharao gehe und führe die Israeliten aus Ägypten?* Er kennt seine Grenzen, weiß, wie schwer die Aufgabe ist, drängt sich nicht in sie hinein. Aber ihm wird gesagt: *Ich will mit dir sein.* Ohne daß Gott mit uns ist, ist unser Tun nichts, auch wenn wir seinen Namen dafür in Anspruch nehmen, aber mit seiner Hilfe ist es für unsere Hände und übrigens auch für unsere Köpfe die höchste Ehre und die höchste Verantwortung – und dürfen wir dabei getrosten Mut haben. Wer bin ich? Diese Frage wird uns immer wieder kommen, wenn wir ehrlich sind. Aber die Ehrlichkeit verlangt von uns auch, nicht angesichts dieser Frage zu resignieren, die Hände sinken zu lassen und zu sagen: wir können es ja doch nicht. Denn damit würden wir leugnen, daß uns die Antwort auf diese Frage zugesprochen ist: wer und was du auch bist – ich will mit dir sein! Wenn das stimmt: Er mit uns, dann kann uns vieles, ja alles scheinbar mißlingen, aber dann können wir doch nicht gänzlich scheitern, können wir nicht verlorengehen, sondern werden am Ende trotz allem Gerettete und Bewahrte sein wie damals die Israeliten nach ihrer Knechtschaft in Ägypten.

Wie kann man das glauben? Welche Anhaltspunkte gibt es dafür, daß das stimmt? Wir möchten ja so gern Beweise oder doch wenigstens, wie die Bibel sagt, *Zeichen.* Mose hat immerhin den brennenden Dornbusch gesehen, und nachher bekommt er noch ein paar Zauberkunststücke in die Hand, damit die Israeliten auf ihn hören, zum Beispiel wird ein Stock, den er auf den Boden wirft, zu einer Schlange und dann wieder zu einem Stock – was ja wohl auch besser ist. Hier in unserem Predigttext wird dem Mose auch ausdrücklich ein Zeichen angekündigt, aber das ist ganz anders: *Wenn du mein Volk aus Ägypten geführt hast, werdet ihr Gott opfern auf diesem Berge.* Kein Zaubertrick, nichts was jetzt die Entscheidung abnimmt, sondern der Hinweis auf etwas, was später kommt und was von da an immer weiter fortgesetzt werden wird und, aus unserer Perspektive, fortgesetzt worden ist: auf den Gottesdienst, den Dienst dieses Gottes, der dem Mose erschienen und seitdem bei seinem Volk geblieben ist, bei den Juden und den Christen. Der Gottesdienst: er ist es, was wir sehen und woran wir uns halten können und sollen – also zum Beispiel auch unser Miteinander hier an diesem Sonntagvormittag in der Johanniskirche mit unserem Singen und Beten und Hören und Predigen. In all der Schwachheit und Unvollkommenheit, in der das geschieht, soll es uns doch spüren lassen: Er will mit uns sein, Er ist mit uns. Das stille Kämmerlein allein tut's nicht, unsere Gemeinsamkeit hier ist ebenso wichtig – nicht um ihrer selbst willen, sondern dessentwegen, was uns hier gemeinsam zugesprochen und regelmäßig auch im Abendmahl *zeichen*haft, sichtbar und schmeckbar zugeeignet wird. Ich erinnere daran, was wir von diesen Dingen vorhin, in der Epistel und im Evangelium, gehört haben (Apg 2,41–47; Joh 6,1–15).

Mose sieht noch eine Frage der Israeliten voraus, und sicher ist sie auch seine eigene Frage, denn ohne daß sie beantwortet wäre, hinge das Ganze in der Luft, könnte sein Auftrag leicht ein großer Betrug oder Selbstbetrug sein. Wer ist eigentlich sein Auftraggeber? Wer hat da aus dem Busch gesprochen? Wer verspricht die große Rettung, wer will mit Mose und den Israeliten sein? Er hat gesagt: *Ich bin der Gott deines Vaters, der Gott Abrahams, der Gott Isaaks und der Gott Jakobs.* Aber kann das genügen? Ist das nicht ein Gott von lauter Toten? Ihnen gebührt Pietät und sicher auch ihrem Gott, aber ist er darum schon unser Gott, auf den wir uns in allem verlassen können, dem wir völlig zu gehorchen haben? Es kann doch nicht alles über ihn damit gesagt sein, daß er der Gott dieser sehr besonderen und vielleicht in ihrem Verhältnis zu ihm als ihrem Gott glaubwürdigen Menschen gewesen ist. Wir können doch auch nicht einfach an den Gott von Martin Luther oder Martin Luther King oder in diesem Briefmarkenjahr Karl Barth oder von irgendeinem uns nahestehenden und eindrücklichen Christen glauben. Das wäre gänzlich unevangelisch. Der Glaube dieser Leute kann für unseren Glauben etwas bedeuten, aber unser Glaube kann und darf sich nicht auf ihre Autorität berufen, er muß unser eigener sein. Gott begegnet uns doch hoffentlich nicht nur und nicht vor allem als der Gott anderer, sondern als unser Gott, nur als solcher kann er gegenwärtig sein, gegenwärtig in dem doppelten Sinn: nicht vergangen, und anwesend, hier bei uns anwesend.

Nach ihm fragt Mose, indem er sein Gegenüber nach seinem Namen fragt. Die Antwort, in Luthers Übersetzung *Ich werde sein, der ich sein werde*, unterstreicht dick, daß diesem Gott nicht nur die Vergangenheit gehört, sondern auch die Zukunft und damit die Gegenwart. Wenn wir vorausblicken, dürfen wir in alle unsere Rechnungen einsetzen, daß er dann auch da sein wird. Er wird da sein als der, *der er sein wird*: das klingt wie eine Abweisung: was geht es dich und euch an, ihr werdet es dann schon sehen. Aber gleich danach erklärt er noch einmal, daß er auch dann kein anderer sein wird als der Gott Abrahams, Isaaks und Jakobs, kein Unbekannter also, sondern ein bestens Bekannter, der niemals grundlegend anders handeln wird, als er an diesen Leuten gehandelt hat, der also trotz allem im Tiefsten immer nur gut handeln wird. Im hebräischen Wortlaut des Satzes *Ich werde sein, der ich sein werde* klingt der alttestamentliche Gottesname an, der wahrscheinlich *Jahwe* ausgesprochen wurde. Obwohl es hier ausdrücklich heißt, mit diesem Namen solle man Gott *auf ewig* anrufen, *von Geschlecht zu Geschlecht*, tun die Juden das schon lange nicht mehr, und die Christen tun es auch nicht. Der Name, nach dem wir uns Christen nennen, sagt noch viel unzweideutiger als die Erinnerung an Abraham, Isaak und Jakob, was es mit diesem Gott auf sich hat: daß es nämlich mit ihm nur Gutes auf sich hat. Wir sind auf diesen Namen getauft und dabei mit unserem eigenen Namen angeredet worden, so wie Mose aus dem Dornbusch mit seinem Namen angeredet wurde. Wenn die Anrede wiederkommt – und sie kommt wieder, wir brauchen bloß aufzupassen –, dann kann es also mit ihr nur Gutes auf sich haben, so daß wir wie Mose ohne Angst und ohne Zögern gern antworten können und sollen und dürfen: *Hier bin ich.*

Amen.

Manna gibt es wirklich

Predigt über Exodus 16,2–3.11–14.15b-18.31a.33.35a am 17. Juli 1983 (7. Sonntag nach Trinitatis) in der St. Johanniskirche in Göttingen

Und es murrte die ganze Gemeinde der Israeliten wider Mose und Aaron in der Wüste. Und sie sprachen: Wollte Gott, wir wären in Ägypten gestorben durch des Herrn Hand, als wir bei den Fleischtöpfen saßen und hatten Brot die Fülle zu essen. Denn ihr habt uns dazu herausgeführt in diese Wüste, daß ihr diese ganze Gemeinde an Hunger sterben laßt. Und der Herr sprach zu Mose: Ich habe das Murren der Israeliten gehört. Sage ihnen: Gegen Abend sollt ihr Fleisch zu essen haben und am Morgen von Brot satt werden und sollt inne werden, daß ich, der Herr, euer Gott bin.
Und am Abend kamen Wachteln herauf und bedeckten das Lager. Und am Morgen lag Tau rings um das Lager. Und als der Tau weg war, siehe, da lag's in der Wüste rund und klein wie Reif auf der Erde. Mose aber sprach zu ihnen: Es ist das Brot, das euch der Herr zu essen gegeben hat. Das ist's aber, was der Herr geboten hat: Ein jeder sammle, soviel er zum Essen braucht, einen Krug voll für jeden nach der Zahl der Leute in seinem Zelte. Und die Israeliten taten's und sammelten, einer viel, der andere wenig. Aber als man's nachmaß, hatte der nicht darüber, der viel gesammelt hatte, und der nicht darunter, der wenig gesammelt hatte. Jeder hatte gesammelt, soviel er zum Essen brauchte. Und das Haus Israel nannte es Manna. Und Mose sprach zu Aaron: Nimm ein Gefäß und tu Manna hinein, den zehnten Teil eines Scheffels, und stelle es hin vor den Herrn, daß es aufbewahrt werde für eure Nachkommen. Und die Israeliten aßen Manna vierzig Jahre lang, bis sie in bewohntes Land kamen.

Liebe Gemeinde!
Manna gibt es wirklich. In den Wüsten südlich von Israel wächst der „mannatragende Tamariskenstrauch" (für Sachverständige in Botanik: Tamarix mannifera). Aus seinen Blättern saugen Schildläuse einen Saft, und davon geben sie hinterher überschüssige Tropfen wieder von sich, die als kleine Kügelchen hart werden und gern von Ameisen gesammelt werden, die den süßlichen Geschmack mögen. Außer den Ameisen interessieren sich auch die Beduinen dafür. Sie nennen die Kügelchen „mann" und machen eine Art Honig daraus.

Aber das ist Botanik, Zoologie, Länderkunde, dafür interessiert sich die Bibel nur wenig, dafür sind andere Quellen besser. Das Gefäß mit Manna, das Aaron aufbewahren soll, steht in keinem Museum, sondern *vor dem Herrn*, im Tempel. Woran es die Nachkommen erinnern soll, das ist nichts Gegenwärtiges und Normales, sondern etwas lange Vergangenes und Außerordentliches. Vierzig Jahre lang aßen die Israeliten das Manna, *bis sie in bewohntes Land kamen*, danach nicht mehr. Trotzdem gehen diese vierzig Jahre in der Wüste sie mehr an als alle seitherige Normalität. Denn damals hat sich klar und gültig gezeigt, wie sie dran sind, ja wie alle Menschen dran sind. Sie und alle Menschen können es dort immer wieder lernen.

Wie sind sie denn dran? Ihre eigene Antwort: schlecht, sehr schlecht. Sie schimpfen, was das Zeug hält. In Ägypten, da war es noch schön, da gab es Fleischtöpfe und Brot die Fülle. Das kennen wir: die guten alten Zeiten! Und daran ist sicher auch immer etwas Richtiges; es stimmt ja einfach nicht, daß alles immer besser würde. Aber wir neigen auch manchmal dazu, das Schlechte von heute mit dem Guten von gestern zu vergleichen und uns dann zu beklagen, statt zu sehen, daß es auch das Umgekehrte gibt und daß die Rechnung mit einem einfachen „Besser" und „Schlechter" nicht aufgeht. So vergessen die Israeliten ganz, daß sie in Ägypten in der Knechtschaft saßen und übelste Fronarbeit leisten mußten, für die sie nichts bezahlt bekamen. Jetzt sind sie immerhin freie Menschen.

Aber, sagen sie, was nützt uns die ganze Freiheit, wenn wir hier in der Wüste verhungern müssen! Und so schimpfen und murren sie alle miteinander, nicht ziellos, sondern mit bestimmter Adresse: gegen Mose und Aaron – gegen Staat und Kirche sozusagen. Die da oben in der Stadt, im Land und im Bund, im Pfarramt, in der Superintendentur und im Landeskirchenamt, oder auch im Dekanat, beim Präsidenten und im Ministerium, die haben uns alles eingebrockt, die meinen es schlecht mit uns oder sind doch jedenfalls dumm und unfähig, das Richtige zu tun.

Und nun geschieht etwas Erstaunliches, etwas, womit wir bei unserem Schimpfen längst nicht immer rechnen, was wir vielleicht nicht einmal ernstlich beabsichtigt haben: da oben wird reagiert, und zwar gleich. Und noch erstaunlicher: die Reaktion kommt nicht einfach von Staat und Kirche, sondern von noch höher: von Gott selbst. Ihm hat in Wahrheit das Schimpfen der Israeliten gegolten, mit ihm waren sie nicht zufrieden, ob sie das wußten oder nicht. Und so antwortet er ihnen selbst. Aber er antwortet ihnen nicht ohne Mose und Aaron, er schiebt Staat und Kirche nicht beiseite, distanziert sich nicht von ihnen, sondern bestätigt sie als die von ihm eingesetzten Mittler und Verwalter. Was er den Israeliten zu sagen hat, sagt er dem Mose, und der soll es weitersagen.

Die göttliche Reaktion lautet, wiederum erstaunlich genug: *Ich habe das Murren der Israeliten gehört.* Da oben läßt sich also, wie wir heute sagen würden, etwas bewegen, nein: da läßt sich Einer bewegen. Und der hätte es, anders als die Zwischeninstanzen Staat und Kirche, überhaupt nicht nötig. Er könnte sich ja einfach abwenden und schweigen, Grund genug geben wir ihm dafür. Aber er hört und redet. Und er läßt es nicht beim Hören und Reden, sondern er handelt auch. Das alles mit einer merkwürdigen Begründung: *ihr sollt inne werden,* sollt erkennen, *daß ich, der Herr, euer Gott bin.* Obwohl er uns nicht nötig hat, ist es ihm nicht gleichgültig, was wir von ihm denken. Wir sollen uns für ihn interessieren, von ihm wissen, ihn kennen, und das nicht um seinetwillen, sondern um unsretwillen. Etwas Wichtigeres kann es nämlich für uns gar nicht geben, als ihn zu kennen. Denn damit wissen wir, wie wir dran sind, wie wir wirklich dran sind.

Und wie sind wir wirklich dran? Unsere Geschichte sagt es so: wir bekommen, was wir brauchen. Und was brauchen wir?

Das ist immer wieder das Gleiche und immer wieder etwas Anderes. Die Israeliten in der Wüste hatten die Freiheit, aber nichts zu essen. Bei anderen ist es umgekehrt, die haben einigermaßen zu essen, aber keine Freiheit, und viele haben beides nicht. Wir hier haben meistens beides, aber kaum jemand von uns wird von sich sagen, er brauche nichts, und jeder von uns kann von heute auf morgen in die Lage kommen, daß ihm das Allernötigste fehlt: die Gesundheit oder der nächste Mensch, uns allen zusammen das mühsam erhaltene friedliche Gleichgewicht in der Welt. Und dann gibt es bei jedem von uns noch vieles andere, was er für lebensnotwendig hält und was es vielleicht auch ist, worauf er ein Recht zu haben glaubt und vielleicht auch hat und bei dessen Ausbleiben wir murren und schimpfen wie die Israeliten in der Wüste oder auch beten oder auch einfach still leiden, bis hin zur Verzweiflung.

Was die Bibel dazu zu sagen hat, ist zuerst und vor allem: „euer Vater weiß, was ihr bedürfet." Er weiß es auch ohne unser Bitten, übrigens auch ohne unser Schimpfen. Er weiß es sogar besser als wir selbst. Sein Geben ist besser und richtiger und gerechter, als unsere Wünsche je sein können. Wir haben nichts, das er nicht gegeben hat, das wir nicht von ihm empfangen haben: unser eigenes Leben, das der Menschen um uns, diese ganze Welt und alle Dinge in ihr, die uns etwas bedeuten, alles kommt von ihm. Ohne ihn wäre um uns nur Wüste, nein: wäre überhaupt nichts. Wir haben also großen, übergroßen Anlaß zur Dankbarkeit gegen ihn, und diese Dankbarkeit sollte jeden Morgen, den er werden läßt, einen Grundton unseres Lebens bilden.

Aber nun gibt es so manches, für das dankbar zu sein schwerfällt. Alle guten Gaben haben Zugaben, die weniger gut sind, die ungetrübten Freuden hören eines Tages auf, und schließlich hört für jeden von uns alles einmal auf. Zu Gottes Wissen um das, was wir bedürfen, gehört offenbar auch dies: unser Leben braucht eine Begrenzung, und das Gute in ihm auch. Wir begreifen das nur mit großer Mühe, aber ohne es zu begreifen, können wir wohl weder das Leben überhaupt noch das Gute in ihm begreifen, sondern beide immer nur ganz gedankenlos und undankbar nehmen und ausnutzen, um dann dem weniger Guten und gar dem Tod noch hilfloser gegenüberzustehen, als wir es sowieso schon tun. Es ist unendlich schwer, mit Hiob zu sagen: „Haben wir Gutes empfangen von Gott und sollten das Böse nicht auch annehmen?" Auch Hiob hat dann ja noch ganz anders geredet. Und nicht nur mit dem für uns Bösen finden wir uns nicht ab, auch das Gute ist uns immer wieder nicht gut genug. Es hat damals in der Wüste nicht lange gedauert, da haben sich die Israeliten, übrigens ohne die abendlichen Wachteln zu erwähnen, über das allmorgendliche langweilige Manna beschwert – nachzulesen im 4. Buch Mose Kapitel 11. Und natürlich rechnen wir, auch das geschieht schon im Alten Testament, die Schicksale gegeneinander: den einen geht es unverschämt gut, andere haben wenig oder nichts. Ist es dann nicht eine freundliche, aber wirklichkeitsferne Idylle, eine Verfälschung der Realitäten, daß damals jeder so viel Manna gesammelt haben soll, wie gerade er brauchte? Stimmt es dann wirklich, daß unser Vater weiß, was wir bedürfen?

Ja, es stimmt, und wenn wir beim Blick auf unseren Weg und auf die Wege dieser Welt noch so oft daran irrewerden. Denn Gott ist nicht nur der ferne Weltenherr irgendwo da oben, die Instanz über den Instanzen. Er steht, und das ist für uns genau so wichtig, vor uns und neben uns, in der Gestalt dessen, der sich das Brot des Lebens genannt hat. Vor allem, was er uns noch gibt, gibt er sich selbst, gibt er uns seine Gegenwart, nimmt er teil an unserer Begrenztheit und auch an der vielen Not, die unter uns herrscht. Wenn wir auf ihn, auf ihn als diesen blicken und uns sein Bild ganz fest einprägen und dann wieder auf unseren Weg und die Wege dieser Welt sehen, dann wird uns dieser Weg, dann werden uns diese Wege auf einmal ganz anders vorkommen: er geht uns auf ihnen voran, und wir werden auf ihnen vieles finden, wovon wir uns nichts träumen ließen. Gehen wir und sammeln, was jeder von uns braucht! Vielleicht wird es uns gerade in seiner Begrenztheit grenzenlose Freude machen. Manna gibt es wirklich, so begannen wir. Jetzt fügen wir das viel Wichtigere hinzu: das Brot des Lebens gibt es wirklich, und es wartet auf uns.

Amen.

Gott über alle Dinge

Predigt über das Erste Gebot nach Luthers Kleinem Katechismus am 24. April 1983 (Jubilate) in der Universitätskirche St. Nikolai in Göttingen

Liebe Gemeinde!
Die Predigten in unseren Universitätsgottesdiensten behandeln in diesem Sommersemester wichtige Stücke aus Luthers Kleinem Katechismus. Nachdem am vorigen Sonntag von der reformatorischen Lehre allgemein die Rede war, geht es heute in den Text hinein. Am Anfang des Katechismus stehen, im „ersten Hauptstück", die Zehn Gebote mit Luthers Erklärung. Das erste Gebot heißt dort: *Ich bin der Herr, dein Gott. Du sollst nicht andere Götter haben neben mir.* Es folgt, wie dann immer im Katechismus, die Frage: *Was ist das?* Die Antwort: *Wir sollen Gott über alle Dinge fürchten, lieben und vertrauen.*

Ich lese Ihnen dazu vor, wie dieses Gebot in seinem alttestamentlichen Wortlaut heißt, in der Sinaigeschichte im Buch Exodus (in unseren deutschen Bibeln unausrottbar 2. Mose genannt) Kapitel 20 und in der Wiederholung Deuteronomium („5. Mose") Kapitel 5. Dort heißt es so: *Ich bin Jahwe* (wofür die späteren Juden und dann auch die christlichen Übersetzer einschließlich Luther einsetzen: der Herr; also: ich bin Jahwe), *dein Gott, der ich dich herausgeführt habe aus dem Land Ägypten, aus dem Sklavenhaus. Du sollst nicht andere Götter haben neben mir.* Es folgt als ein Einschub, den Luther, übrigens wiederum älterem christlichem Brauch folgend, ganz herausläßt, das Verbot der Gottesbilder, und dann, in direkter Beziehung auf die anderen Götter: *Du sollst vor ihnen nicht niederfallen und ihnen nicht dienen. Denn ich, Jahwe, dein Gott, bin ein eifersüchtiger Gott, der die Schuld von Vätern heimsucht an Söhnen bis aufs dritte und vierte Glied bei denen, die mich hassen, der aber gütig ist gegen Tausende, die mich lieben und meine Gebote halten.*

Noch einmal der Kleine Katechismus: *Ich bin der Herr, dein Gott. Du sollst nicht andere Götter haben neben mir.* Was hat Luther mit dem biblischen Wortlaut gemacht? Ich erwähnte schon: er hat für „Jahwe" gesetzt „der Herr", und er hat das Bilderverbot ausgelassen. Ausgelassen hat er auch den Hinweis auf die Herausführung aus Ägypten. Nicht ausgelassen, dafür aber abgetrennt hat er die Rede vom vergeltenden Handeln Gottes, die dem Verhalten der Menschen gerade zu diesem Gebot ein so großes Gewicht gibt. Sie steht jetzt am Ende des ganzen ersten Hauptstücks und gilt „von diesen Geboten allen"; sie wird am nächsten Sonntag hier behandelt werden.

Nun fragen also auch wir, liebe Universitätsgemeinde: was ist das? Ich vermute bei den meisten unter uns, die jetzt zugehört oder die sich die Sache anhand des gedruckten Semesterprogramms schon ein wenig überlegt haben, als erstes eine zwiespältige, ja gegensätzliche Reaktion, die aber doch einen Nenner hat und auf eine ziemlich eindeutige Position gegenüber diesem ersten Gebot hinausläuft, nämlich auf Reserve oder Gleichgültigkeit.

Zunächst: wenn wir auf dieses Gebot noch – oder wieder – einigermaßen unbefangen reagieren können, dann läßt es uns erschrecken. Welche Intoleranz, welche Unwilligkeit und Unfähigkeit zum Verständnis, zum Kompromiß, welcher Mangel an Sinn für das Andere, das Fremde – so recht „alttestamentarisch", wie das dumme Wort heißt. Hier wird befohlen und gehorcht. Es befiehlt der eine, der keine Konkurrenz erträgt und sich ja auch selbst *eifersüchtig* nennt. Und es gehorcht oder soll gehorchen sein Volk, das alte Israel, dessen Augen, wenn sie in die Höhe blicken, nicht nach rechts und links abirren dürfen und dem auch auf Erden nur die exakte Linientreue gestattet ist. Kein Bund mit den Völkern ringsum, die andere Götter verehren, Todesstrafe auch für die Einheimischen, die dazu verführen wollen! Wie steht es da mit der Freiheit, von der wir am letzten Sonntag gehört haben, wie kann es da ein normales Zusammenleben mit anderen Menschen geben? Muß nicht weit über das alte Israel hinaus zur Plage, ja zur Gefahr für seine Mitwelt werden, wer zugunsten seiner Kirche, seiner Konfession, womöglich seiner theologischen Schule und ihrer

Ansichten von Gott und Welt solche Absolutheitsansprüche erhebt? Wir wissen doch inzwischen aus Nathans Ringparabel, wie die Anhänger gerade der monotheistischen Religionen in dieser Sache miteinander umgehen sollten!

Und damit sind wir schon fast bei dem Zweiten. Unser Erschrecken angesichts des Ersten Gebots hält sich nämlich durchaus in Grenzen. Wir haben ja wirklich schwere Probleme, aber doch nicht in erster Linie hier, auch nicht, wenn sie den Glauben betreffen. Jahwe hat Baal längst besiegt, die christlichen Altäre gelten unbestritten dem einen, dreieinigen Gott und keinem anderen. Das Alte Testament kämpft gegen zu viele Himmelsbewohner, wir fragen eher, ob dort überhaupt auch nur einer ist. Gottes Thron scheint leerzustehen: das ist doch unser Problem, wenn wir hier eins haben.

Aber dabei können wir uns sehr täuschen. Sogar, ja gerade wenn für uns nach Baal, Jupiter, Wotan und Venus nun auch der Gott der Bibel aus dem Himmel verschwunden ist, braucht das noch lange nicht zu heißen, daß es da oben still und leer geworden sein müßte. Nein, es ist – übrigens auch ohne das, was jetzt an anderen Religionen und sogenannter neuer Religion auf uns hereinströmt – laut und voll, bunt und lebendig wie in den alten Zeiten. Der Thron, die Throne stehen nicht leer. Baal, Jupiter, Wotan und Venus und wie sie alle heißen: sollten sie wirklich je tot gewesen sein, so sind sie doch längst wieder lebendig. Noch besser als aufs Sterben verstehen sie sich aufs Auferstehen, ihre Vitalität durchdringt und überlebt mühelos unsere religiösen, halbreligiösen, areligiösen und antireligiösen Weltanschauungen. Sie lachen über unsere, sei es fromme oder sei es aufgeklärte Einbildung, die Welt und wir selber seien gottlos, götterlos. Sie heißen nicht mehr Baal und so weiter, können aber durchaus Namen haben, Namen von lebenden oder besser von gestorbenen Menschen, die uns mit harter oder sanfter Gewalt zu Kult und Devotion aufgedrängt werden. Aber dem können wir uns entziehen, wenn uns die harte Gewalt, hoffentlich, nicht erreicht und wir gegen die sanfte wenigstens den guten Geschmack mobilisieren. Doch dann bleiben Götter genug, denen wir umso hilfloser ausgesetzt sind, je weniger wir sie eben als Götter erkennen. Sie sind uns wohlvertraut und unentbehrlich, wir verbringen keinen Tag ohne sie.

Denn, so Luther, zur Abwechslung nicht im Kleinen sondern im Großen Katechismus, „woran du dein Herz hängst und worauf du dich verlässest, das ist eigentlich dein Gott". Das Paradebeispiel läßt sich leicht erraten, wiederum Luther: „Es ist mancher, der meinet, er habe Gott und alles genug, wenn er Geld und Gut hat, verläßt und brüstet sich darauf so steif und sicher, daß er auf niemand nichts gibt. Siehe, dieser hat auch einen Gott, der heißet Mammon, das ist Geld und Gut, darauf er alle sein Herz setzet, welches auch der aller gemeinest Abgott ist auf Erden. Wer Geld und Gut hat, der weiß sich sicher, ist fröhlich und unerschrocken, als sitze er mitten im Paradies. Und wiederum wer keins hat, der zweifelt und verzagt, als wisse er von keinem Gott. Denn man wird ihrer gar wenig finden, die guten Mutes seien, nicht trauern und klagen, wenn sie den Mammon nicht haben. Es klebt und hängt der Natur an bis in die Gruben." Das Beispiel ist natürlich nicht das einzige, Luther zählt weiter auf: „Also auch wer darauf trauet und trotzet, daß er große Kunst, Klugheit, Gewalt, Gunst, Freundschaft und Ehre hat, der hat auch einen Gott, aber nicht diesen rechten einigen Gott."

Das heißt nicht, daß diese Dinge an sich etwas Böses sein müßten. Im Gegenteil, sie sind nützlich, meist notwendig, ohne sie könnten wir nicht leben, sie verdienen und verlangen um unserer selbst willen, daß wir sorgsam mit ihnen umgehen. Ich möchte in diesem Zusammenhang, auch wenn ich damit nicht jedem von Ihnen aus dem Herzen sprechen sollte, ausdrücklich auch den Staat mit seinen Funktionen nennen. Wir wissen, daß er zu einem der gefährlichsten Abgötter werden kann. Aber diese Gefahr wird nicht kleiner, sondern größer, wenn man ihn systematisch herabsetzt. Und noch keiner unter seinen Verächtern hat sagen können, wie es ohne ihn gehen soll.

Wann werden alle diese Güter, die als Güter etwas Gutes sind, zu Abgöttern, ab vom Guten? Beim Staat sagen wir: wenn er totalitär wird. Allgemein wird gelten: dann, wenn wir uns in eine Abhängigkeit bringen lassen, die unsere Freiheit oder anders gesagt die guten und vernünftigen Proportionen der Menschlichkeit und Mitmenschlichkeit gefährdet oder zerstört. Das kann auf die verschiedenste Weise geschehen. Die Abgötter können jede Gestalt annehmen, bis hin zur Gestalt Gottes selbst. Weil viele von ihnen – nicht alle! – schlau sind, können wir sie oft nur schwer dingfest machen. Bei uns selber gelingt es uns meist noch weniger als bei den lieben Mitmenschen, zum Beispiel bei Theologen mit einer, wie wir finden, fragwürdigen Theologie, als deren Ursache wir scharfsichtig irgendeine philosophische oder andere Abgötterei erkennen, oder bei ganz normalen Leuten, über die man in Todesanzeigen etwa lesen kann: „Sein Leben galt …" oder „Sein Leben gehörte …", und dann kommen die Dative: den Seinen, seiner Firma, seiner Partei, der Orgelmusik, dem Motorsport, der Völkerverständigung, allem Wahren und Guten. Wir sind da mit dem Abgöttereiverdacht oft schnell bei der Hand. Aber niemand hat uns zu Richtern über diese Verstorbenen gemacht, und wir sollten ihnen die Lebensinhalte lassen, die sie sich erwählt hatten oder die ihnen aufgegeben waren und bei denen wir weder berufen noch imstande sind zu entscheiden, ob sie diesseits oder jenseits der Grenze zur Abgötterei gelegen haben. Schließlich sind ja die meisten Leute zu beneiden, deren Leben im Zeichen eines solchen Dativs steht. Sie wissen, wozu sie da sind.

So weit, so – vielleicht – gut. Aber von dort ist nur noch ein kleiner Schritt zu der Redensart: die Hauptsache sei, daß der Mensch überhaupt an etwas glaube; an was er glaube, der Gegenstand seines Glaubens, sei demgegenüber zweitrangig. Das mag eine psychologische Wahrheit oder doch wenigstens Halbwahrheit sein und, wenn die Dative von eben nichts Übles bezeichnen, auch sonst einiges für sich haben. Trotzdem wird die Gefährlichkeit dieser Redensart, dieses kleinen Schrittes, jedem deutlich sein. Denn wir geraten in ein verantwortungsloses Vabanque-Spiel, wenn wir die Frage ausklammern, ob das, worauf wir uns verlassen, wirklich verläßlich ist, wenn wir also die Wahrheitsfrage ausklammern. Und damit, spätestens damit, ist auch das Erste Gebot berührt, und mit ihm alle Gebote.

Durch das Gewirr der Stimmen, die von oben und unten, von rechts und links, vorne und hinten unseren Dienst beanspruchen, dringt ja nach wie vor von ferne der alte Satz an unser Ohr: *Ich bin der Herr, dein Gott, der ich dich herausgeführt habe aus dem Land Ägypten, aus dem Sklavenhaus.* Wer findet, daß ihn das nichts mehr angeht, der lese wiederum Luther, in einer seiner letzten Schriften: „Der Gott, der das Volk Israel aus Ägypten und durchs rote Meer geführet, ist eben der Gott und kein anderer, denn Jesus von Nazareth, Marien der Jungfrauen Sohn, den wir Christen unsern Gott und Herren nennen ... Er ist's, der auf dem Berge Sinai die zehn Gebote gibt und spricht: ‚Ich der Herr bin dein Gott, der dich aus Ägypten geführet hat, du sollst vor mir keine andern Götter haben', ja, Jesus Nazarenus am Kreuz für uns gestorben, ist der Gott, der in dem Ersten Gebot spricht: ‚Ich der Herr bin dein Gott.'"

Der Retter aus dem Sklavenhaus und vollends der, der für uns am Kreuz gestorben ist: können wir uns den als Abgott vorstellen? Hier ist nichts totalitär, hier werden die Proportionen der Menschlichkeit und Mitmenschlichkeit nicht zerstört, sondern ins Lot gebracht, hier wird unsere Freiheit nicht unterdrückt, sondern hergestellt. Wie kann, wer diesen Gott hat, daneben andere Götter haben? Die Möglichkeit ist, wie real unter uns auch immer, angesichts des unvergleichlichen Handelns dieses Gottes an uns töricht und absurd. Und so hat es seinen tiefen Sinn, daß Luthers Erklärung des Ersten Gebots nicht das Verbot dieser törichten und absurden Möglichkeit ausführt, sondern unser positives Verhalten gegenüber dem Gott, der so an uns gehandelt hat. Hinter dem Nein steht ein großes Ja, mit dem wir auf das noch viel größere Ja antworten sollen, das Gott zu uns gesprochen hat.

Wir sollen Gott über alle Dinge fürchten, lieben und vertrauen. Über alle Dinge, und natürlich auch über alle Menschen: das muß nicht heißen: an ihrer Stelle oder gegen sie. „Gebt dem Kaiser, was des Kaisers ist, und Gott, was Gottes ist": beides ist geboten, nicht nur das Zweite, aber beides nicht in einem gleichrangigen Nebeneinander, denn Gottes ist mehr als des Kaisers.

Wir sollen Gott über alle Dinge *fürchten*: ihn ernster nehmen als alles und alle sonst, ihn nicht stillschweigend oder sogar ausdrücklich für tot erklären, nicht wähnen, er könne seinen Worten keine Taten folgen lassen. Er läßt sich nicht spotten: das sagt nicht das Alte, sondern das Neue Testament und in ihm der Apostel der christlichen Freiheit. Freiheit ohne die Furcht, die daraus folgt, mag ganz lustig sein, christliche Freiheit ist sie nicht. Aber diese Furcht bringt hoffentlich auch mit sich, daß wir uns anderwärts etwas weniger fürchten. Wieder Luther, in einer Predigt von 1544, wobei ich auf irgendein noch so kleines Latinum bei Ihnen zu rechnen wage: „Iam habemus vor uns Turcam und Reichstag, Windwehen, Papst, Bischof von Mainz. Si vult Deus nos per istos opprimi et deleri, fiat Dei voluntas. Quid nos faciemus? Wohlan, kann er uns nicht ungefressen lassen, so fresse er uns immerhin." Den Grund für diese Verwegenheit sagt Luther in dem anderen Satz: „Ego in eadem navi sum, in qua Christus dormit. Si ego ersaufe, et ipse … Si vult, ut pereamus, fiat ita, et tamen sumus unverloren."

Daß wir Gott *lieben* sollen, sagt schon das Alte Testament, und zwar im klaren Zusammenhang mit dem Ersten Gebot. „Von ganzem Herzen, von ganzer Seele und mit aller Kraft" soll es geschehen. Es mag sein, daß sich das Gefühl der Liebe nicht befehlen, nicht erzwingen läßt. Aber wir können an eine Person gewiesen werden, die uns immer die erste sein soll, um die wir uns vor allen anderen kümmern und bemühen sollen, mit allem, was in unseren Kräften steht. Ist Gott diese Person, dann schließt das die Liebe unter uns Menschen nicht aus, sondern ein: „und deinen Nächsten wie dich selbst", fügt das Neue Testament, übrigens das Alte Testament zitierend, dem Gebot der Liebe Gottes als dem „vornehmsten und größten" als „ihm gleich" im selben Atem hinzu.

Und das Letzte: die Liebe zu Gott braucht nicht blind zu sein. Wenn wir nicht überhören, daß in unserem Gebot der spricht, der sein Volk aus Ägypten in die Freiheit geführt hat, und der, der am Kreuz für uns gestorben ist, dann gründet diese Liebe in einem *Vertrauen*, das sich von keinem anderen Vertrauen und keinem Mißtrauen, woher es auch stammt, übertreffen oder in Frage stellen läßt. Dieses Vertrauen gebietet und um dieses Vertrauen wirbt das Erste Gebot, damit es der Grund alles dessen sei, was wir denken und tun.

Noch einmal Luther im Großen Katechismus: dieses Gebot „will soviel gesagt haben: Siehe zu und lasse mich alleine deinen Gott sein und suche ja keinen andern. Das ist: was dir mangelt an Gutem, das versehe dich zu mir und suche es bei mir. Und wo du Unglück und Not leidest, kreuch und halte dich zu mir. Ich will dir genug geben und aus aller Not helfen. Laß nur dein Herz an keinem andern hangen noch ruhen."

Wenn das das Erste Gebot ist, dann paßt es, dem ersten Anschein zum Trotz, gar nicht so schlecht zum Sonntag Jubilate.

Amen.

Der freie Tag

Predigt über Exodus 20,8–11 am 13. Mai 1979 (Kantate) in der Universitätskirche St. Nikolai in Göttingen

Gedenke des Sabbattages, daß du ihn heiligest. Sechs Tage sollst du arbeiten und alle deine Werke tun. Aber am siebenten Tage ist der Sabbat des Herrn, deines Gottes. Da sollst du keine Arbeit tun, auch nicht dein Sohn, deine Tochter, dein Knecht, deine Magd, dein Vieh, auch nicht dein Fremdling, der in deiner Stadt lebt. Denn in sechs Tagen hat der Herr Himmel und Erde gemacht und das Meer und alles, was darinnen ist, und ruhte am siebenten Tage. Darum segnete der Herr den Sabbattag und heiligte ihn.

Liebe Gemeinde!
Wenn Israel auch nur zweimal die Vorschriften des Sabbats gänzlich einhält, dann wird es sofort erlöst. So hat man glauben können, und darin erscheint die Größe und die Last dieses Tages, seine Chance und seine Vergeblichkeit. Wie großartig ist die Begründung für das Sabbatgebot, die wir eben aus 2. Mose 20 hörten - großartig, aber auch fremd, wenn nicht erschrekkend! Der siebte Tag ist ein heiliger Tag, geheiligt von Gott vor aller Geschichte, nachdem er in sechs Tagen die Schöpfung vollbracht hatte. In Erinnerung daran verkündet durch die Jahrtausende jeder siebte Tag die gute Ordnung der Welt. Der siebte Tag ist, wie das Alte Testament auch sagen kann, ein ewiges Zeichen zwischen Gott und seinem Volk. Israel soll an diesem Tage seinen Gott erkennen, ihn als den erkennen, der es heiligt und der diesen Tag heiligt. Es soll darum seinerseits sich als heilig erweisen, nicht zuletzt darin, daß es diesen Tag heilighält. Wer ihn entheiligt, indem er an ihm arbeitet, der soll, so heißt es im Gesetz, des Todes sterben. Das Sabbatgebot gilt für alle Zeiten, durch dick und dünn, auch, so sagt eine andere Fas-

sung, zur Zeit des Pflügens und der Ernte. Wie ernst man es in Israel nahm, kann man in den Evangelien nachlesen. In der Praxis konservativer Juden hat das weitergelebt, wie jeder weiß, der einmal am Sabbat in Jerusalem Autobus fahren wollte, und es ist in die Sonntagsheiligung von Puritanern und Pietisten übergegangen. Ich entsinne mich, wie sogar in Göttingen, einem weder sehr puritanischen noch sehr pietistischen Ort, noch vor wenigen Jahrzehnten geradezu denunziatorisch über jemanden gesprochen wurde, der am Sonntag sein Blumenbeet umgrub.

Wir finden das aus der Ferne eindrucksvoll oder auch kurios, aus der Nähe eher anmaßend und lästig. Das Zeichen, das Gott uns geben will, sehen wir nur undeutlich oder überhaupt nicht. Gottes Gaben sind in unseren Händen immer gefährdet, seine Zeichen von Zweideutigkeit und Mißbrauch bedroht, besonders dann, wenn wir sie benutzen, um unsererseits „Zeichen zu setzen" – zu allermeist ein intolerantes und arrogantes Unternehmen, das mehr zerstört als hilft. „Der Sabbat ist um des Menschen willen gemacht und nicht der Mensch um des Sabbats willen." So sagt es der, der der Herr auch über den Sabbat ist, und er trifft sich in diesem Satz mit vielen Juden seiner Zeit und bis heute. In der Begründung des Sabbatgebots, die wir aus 2. Mose 20 hörten, ist das deutlich enthalten, und in der anderen Fassung der zehn Gebote, 5. Mose 5, liegt es zutage. Da ist das Vieh, das am Sabbat mitruhen soll, noch mit Namen genannt: *dein Rind und dein Esel* – der Sabbat also auch um der Tiere willen –, und was die Menschen angeht, so folgt auf ihre Aufzählung statt des Hinweises auf die Schöpfung der ganzen Welt die persönliche Anrede an den Israeliten: *auf daß dein Knecht und deine Magd ruhen gleichwie du. Denn du sollst daran denken, daß auch du Knecht in Ägyptenland warst und der Herr, dein Gott, dich von dort herausgeführt hat mit mächtiger Hand und ausgerecktem Arm. Darum hat dir der Herr, dein Gott, geboten, daß du den Sabbattag halten sollst.* Jeder siebte Tag also der Tag der Befreiten in Erinnerung an ihre Befreiung, der Tag ihrer Freiheit. Freiheit in diesem Sinn auch für den Sklaven und die Sklavin, ein Text fügt noch hinzu: auch für den Sohn der Sklavin, und alle Texte nennen last und vielleicht doch not least den *Fremdling, der in deinen Toren ist*, eine Figur, die durch die Zeiten geht und nach der wir bei uns nicht lange suchen müssen. Sie alle sollen am siebten Tag ruhen und aufatmen, so wie Gott, dessen Ebenbild sie alle sind, am Tage nach der Schöpfung geruht und aufgeatmet hat – ja, man ist versucht, den überraschend kühnen, fast blasphemischen Satz eines Schriftstellers aus derjenigen Schule im alten Israel, die wie keine sonst den Abstand Gottes von der Welt hervorhebt, zu übersetzen: so wie Gott damals geruht und verschnauft hat.

Freiheit, Ruhe, Aufatmen, Verschnaufen – das sind nun auch die Stichworte unserer arbeitsfreien Tage: des Wochenendes, in dem der Sonntag und neuerdings auch wieder der Sonnabend oder Samstag den alten Sabbat abgelöst haben, und unserer Ferien. Ihr Sinn, ihr Inhalt, ja auch ihre Notwendigkeit sehen auch für die unter uns, die das Vorrecht und die Last der Arbeit haben – es wird für die allermeisten in dieser Kirche gelten –, ganz verschieden aus, so daß es gut sein dürfte, mit Regel und Gesetz vorsichtig zu sein. Um es in Extremen zu sagen: wer hart mit mechanischer Verrichtung beschäftigt ist, vielleicht ohne die Möglichkeit einer wirklichen inneren Beziehung zu deren Gang und Ergebnis, wird auf die beiden freien Tage dringender angewiesen sein als der, dessen Arbeit zu einem großen Teil weniger bemerkbar im Kopf geschieht – das Ergebnis ist dann hinterher hoffentlich um so bemerkbarer und bemerkenswerter! – und bei dem die Übergänge zwischen Arbeit und Ruhe fließender sind. Es ist oft schwierig, Außenstehenden den Sinn und die Notwendigkeit unserer sogenannten Semesterferien begreiflich zu machen. Noch schwieriger, aber auch noch wichtiger ist es, manche Nutznießer dieser Einrichtung dazu anzuhalten, daß sie sie nicht nur dazu benutzen, 1. die Ergebnisse des verflossenen Semesters aufzuarbeiten, 2. das folgende Semester vorzubereiten und 3. die Arbeit zu tun, für die beide Semester keine Zeit lassen, sondern daß sie in dieser Zeit auch einmal gänzlich abschalten und Freiheit, Ruhe, Aufatmen genießen. Respektabel, aber auch ein bißchen unheimlich heißt der Wahlspruch eines Theologen aus dem vorigen Jahrhundert: „Nicht nach Ruhe sehne ich mich, sondern nach Stille.“ Ein jüngerer Kollege von ihm, der Gewaltiges geleistet hat, deklarierte eines Tages, wer in der Theologie recht habe, darüber entscheide die Arbeit. Worauf ein Dritter, ein sagenhaft fleißiger Mann, sich notierte, es dürfte sich, gerade „um die Gediegenheit der Arbeit sicherzustellen, ernstlich empfehlen, auch der Faulheit in einer Seitennische ein Altärchen zu errichten".

Unsere Arbeit leidet, wenn sie keine Unterbrechung kennt, und schlimmer: wir selbst leiden. „Liber non est, qui non aliquando nihil agit" – es ist nicht frei, wer nicht manchmal nichts tut, sagt ein lateinisches Sprichwort. Unsere Freiheit braucht – neben anderem! – die freie Zeit. Was in ihr geschieht, definiert der alte Lateiner als ein Nichtstun. Er würde sich die Augen reiben, käme er heute wieder und sähe, wie aus der freien Zeit die Freizeit geworden ist mit Freizeiterwartung, Freizeitplanung, Freizeithaltung, Freizeitgestaltung, Freizeitgesellschaft, Freizeitkleidung, Freizeitindustrie, Freizeitpsychologie. Statt des Sabbats, so scheint es oft, ein Hexensabbat, von dem sich mancher in der Woche erholen muß – sicher auch sinnvoll als der Ausgleich durch das ganz Andere, aber schwerlich auf der Linie dessen, was das Sabbatgebot will. Kaum auszudenken, was auf uns in den nächsten Generationen zukommt, wenn die Arbeitszeit immer weiter verkürzt werden kann oder muß und dann die Idylle nicht Wirklichkeit wird, die Karl Marx so schön als die Möglichkeit prophezeit hat, „heute dies, morgen jenes zu tun, morgens zu jagen, nachmittags zu fischen, abends Viehzucht zu treiben, auch das Essen zu kritisieren, ohne je Jäger, Fischer oder Hirt oder Kritiker zu werden, wie ich gerade Lust habe".

In dieser freundlichen Vision von unserer paradiesischen Zukunft hier auf Erden steckt natürlich ein Körnchen Sabbat, und jeder von uns erfüllt zu einem Teil das Sabbatgebot, wenn er neben seiner Arbeit an seinem Ort und in seinen Grenzen ein wenig so zu leben versteht, wie es da für eine utopische Zukunft beschrieben ist. Er erfüllt das Gebot, sagte ich. Es ist also nichts, weswegen er als tätiger Mensch und als Christ ein schlechtes Gewissen zu haben braucht, so wie es in einer berühmten protestantischen Ethik durchschimmert, deren 32. und letzter Paragraph die verschämte Überschrift trägt: „Die sittlich erlaubte Erholung". Nein, die Erholung ist nicht nur sittlich erlaubt, sondern von Gott geboten. Und sie ist als etwas objektiv und subjektiv Gutes geboten, als etwas Schönes und Erfreuliches, als Quelle und Betätigung von Freiheit. Gutes Essen und Trinken und schöne Kleider, so heißt es bei den alten Rabbinen immer wieder, damit soll man den Sabbat ehren. Daß Gott am siebten Tage von der Schöpfung ausruhte, mag uns einladen, wenn wir es nicht, hoffentlich, schon von selber tun, an diesem Tage besonders die Natur zu genießen, und daß das Sabbatgebot so eindringlich unsere schwächeren Mitmenschen einbezieht, sollte uns ein noch dringenderer Hinweis sein. Diesen Tag verbringen viele in einer unguten Einsamkeit, nicht wenige aber auch in einer ebenso unguten Vielzahl, wenn nicht Masse. In beiden Fällen droht das nihil agere, das Nichtstun des lateinischen Sprichworts, zur Leere zu werden, die kostbare Zeit dieses Tages zu sinnloser, vergeudeter, negativer Zeit. An diesem Tage sollte jeder das tun, was ihm kostbar ist, oder anders und vielleicht doch gar nicht so anders gesagt: was ihm Spaß macht. Ich habe einen verehrten Freund in Jerusalem, der den Sabbat eisern hält und der trotzdem an ihm hin und wieder ausgerechnet wissenschaftliche Bücher liest, dann nämlich, wenn es, was ja vorkommt, gute Bücher sind. Damit diese Maxime nicht egoistisch mißverstanden wird, sei die andere noch wichtigere auch hier daneben gesetzt, als die Maxime auch dieses Tages, das augustinische „Ama et fac quod vis" – liebe, und dann tu, was du willst. In diesem Sinne ist dieser Tag ein Tag der verantwortlichen Freiheit. Das sind alle Tage, aber am Sonntag, der die christliche Woche beginnt, soll für alle folgenden Tage etwas von dieser Freiheit gewonnen werden, das auf sie übergeht, sie sollen alle so viel wie möglich von seiner Substanz mitbekommen. Sie hören damit ja nicht auf, Werktage zu sein, im Gegenteil: sie können mit um so größerer Kraft und vielleicht doch auch, wo es nicht ganz schlimm steht, mit einiger Freude als solche bewältigt werden. Und der Feiertag hört durch den Blick auf die Werktage ebenso wenig auf, das zu sein, was er ist und sein soll – sonst würde er ja unfrei und damit gerade für die Werktage unwirksam werden.

Seine Wirkung auf die Werktage beruht darauf, daß er eben

kein Werktag ist. Wir unterlassen an ihm unsere Werke, führen kein Programm durch, erfüllen kein Soll und keine Pflicht, am besten auch keine sogenannte Sonntagspflicht – wenn nämlich der Weg in die Kirche nichts anderes ist als nur das. Der Sonntag wird nicht gemacht und nicht veranstaltet. Bei den Ausnahmen sollten wir so weit wie möglich sehen, daß es Ausnahmen sind, die die Regel bestätigen – so wie es aufs schönste durch das geschehen ist, was heute zum Sonntag Cantate der Akademische Musikdirektor mit seinen Sängern und Instrumentalisten für uns getan hat.

Laut Weimarer Verfassung und Bonner Grundgesetz dient der Sonntag außer der Arbeitsruhe der seelischen Erhebung. Diese Formulierung richtet sicher kein Unheil an, aber sie kann das Mißverständnis befördern, als sei da eben doch wieder ein Soll zu erfüllen, als müßten außer den sportlichen Klimmzügen dieses Tages, gegen die hier nichts eingewendet werden soll, auch Klimmzüge der Seele stattfinden. Das müssen sie mitnichten. Der entscheidende christliche Inhalt des Tages ist keine Energieleistung, kein Wollen und Mühen, kein Anspruch und kein Herbeiführen, sondern ganz passiv, empfangend die Erinnerung an etwas Geschehenes, die Hinnahme dieses Geschehenen, die Öffnung dafür, sein Geschehenlassen uns zugute – für die Juden am Sabbat, dem letzten Tag der Woche, die Befreiung aus Ägypten, für die Christen am Sonntag, dem ersten Tag der Woche, die Auferstehung Jesu Christi von den Toten und also unser aller Freiheit und unser aller Leben, jedem von uns ohne sein Zutun in diesem Geschehen von Gott gegeben und immer neu bestätigt, an jedem Sabbat, jedem Sonntag neu bestätigt. Wir lassen von unseren eigenen Werken ab, damit der Herr in uns wirke – so drückt der Reformator Calvin es in seinem Katechismus aus, und das ist die zeichenhafte Bedeutung dieses Tages, darin ist er der Tag des Herrn, und wenn auch unser Tag, dann als Tag der Maria und nicht der Martha.

Nicht als seien wir nicht auch Martha und das den größten Teil unserer Zeit und notwendigerweise auch hie und da am Sonntag. Dann gilt uns eben die Frage, die Jesus nach einer Überlieferung einem Mann gestellt hat, den er am Sabbat arbeiten sah: „Mensch, wenn du weißt, was du tust, bist du selig;

wenn du es aber nicht weißt, bist du unter dem Fluch und ein Übertreter des Gesetzes." In diesem Sinne sollen auch wir Herren und nicht Sklaven des Sabbats sein. Wir können das um so mehr, weil oder wenn wir nicht mehr in der Gefahr sind, das Zeichen mit der Sache zu verwechseln und dem Zeichen Lasten aufzubürden, die es nicht tragen kann. Für unsere Erlösung haben wir ja nicht mehr zu sorgen. Aber um so mehr kann nun auch die Einhaltung des Ruhetages eine Wohltat sein, und zwar gerade zur Zeit des Pflügens und der Ernte, wie das alte Gesetz sagt, also gerade wenn wir am tiefsten in der Arbeit stecken, zum Beispiel, für manche unter uns aktuell, kurz vor einem Examen. Wenn richtig gepflügt worden ist, dann wird die Unterbrechung durch den freien Tag, den Tag der Freiheit für die Ernte nur gut sein.

Amen.

Vor dem Ziel

Morgenandacht über Deuteronomium 34,1–8 am 22. April 1967 im Neukirchener Verlag

Und Mose stieg aus dem Jordantal der Moabiter auf den Berg Nebo, den Gipfel des Gebirges Pisga, gegenüber Jericho. Und der Herr zeigte ihm das ganze Land: Gilead bis nach Dan und das ganze Naftali und das ganze Land Ephraim und Manasse und das ganze Land Juda bis an das Meer im Westen und das Südland und die Gegend am Jordan, die Ebene von Jericho, der Palmenstadt, bis nach Zoar. Und der Herr sprach zu ihm: Dies ist das Land, von dem ich Abraham, Isaak und Jakob geschworen habe: Ich will es deinen Nachkommen geben. Du hast es mit deinen Augen gesehen, aber du sollst nicht hinübergehen. So starb Mose, der Knecht des Herrn, daselbst im Lande Moab nach dem Wort des Herrn. Und er begrub ihn im Tal, im Lande Moab gegenüber Bet-Peor. Und niemand hat sein Grab erfahren bis auf den heutigen Tag. Und Mose war hundertundzwanzig Jahre alt, als er starb. Seine Augen waren nicht schwach geworden, und seine Kraft war nicht verfallen. Und die Israeliten beweinten Mose im Jordantal der Moabiter dreißig Tage, bis die Zeit des Weinens und Klagens über Mose vollendet war.

Wie damals auf dem Sinai steht Mose wieder auf einem hohen Berg vor Gott, herausgenommen aus der Plage der Wüstenwanderung, aus dem Kleinkrieg mit den Israeliten, dem Erfolg und dem Versagen darin. Das alles liegt hinter ihm, unter ihm in der Tiefe. Und diesmal ist er nicht in der Höhe, um dann wieder nach da unten zurückzukehren. Sein Weg ist auf diesem Berg zu Ende, so wie Aarons Weg auf einem Berg zu Ende gegangen ist.

Uralt ist Mose, doch *seine Kraft ist nicht verfallen*. Er könnte, denkt man, das Volk noch weiter führen, aber er darf es nicht. Der Grund liegt da unten, da hinten in der Vergangenheit. Unser Text spricht nicht mehr davon, er räsoniert nicht über das Gewesene, er begnügt sich mit der Andeutung: Mose starb *nach dem Wort des Herrn.* Der Blick geht nach vorn, und das buchstäblich. Der Berg ist hier nicht nur der Ort der Gottesnähe, sondern auch die Stelle, von der aus man das Land sieht – wenige Berge sind das so wie der Nebo. Und dort sieht Mose mit den Augen, die *nicht schwach geworden* sind, die Größe und die Fülle des Landes. Er sieht – aber so sagt es der Text nicht, er sagt: *der Herr zeigte ihm.* Mose ist bei dem letzten Vorgang seines Lebens ganz passiv. Sein Mund bleibt stumm, nur Gott spricht.

Gottes Worte schlagen nun doch die Brücke in die Vergangenheit, freilich nicht die des Mose selbst, sondern eine, die schon vor ihm liegt: *Dies ist das Land, von dem ich Abraham, Isaak und Jakob geschworen habe: Ich will es deinen Nachkommen geben.* Die Zeit des Mose ist Zwischenzeit zwischen Verheißung und Erfüllung, sein Werk ist ein – entscheidend wichtiges – Stück Wegstrecke auf ein Ziel hin. Mose erreicht das Ziel und erreicht es nicht, er sieht es in allen Einzelheiten vor Augen, wie man es nicht schöner sehen kann; wie ein gedeckter Tisch oder ein aufgeschlagenes Buch wird es ihm präsentiert, aber betreten darf er es nicht, seine Fülle nicht genießen, es bleibt für ihn Zukunft, wird keine Gegenwart.

Gegenwart wird es für die nächste Generation und für alle Generationen danach sein. Sie werden das Land besitzen, es wird Schauplatz und wichtigste Voraussetzung ihres Lebens, und das heißt ihres Lebens vor und mit Gott sein, sie werden in ihm Ruhe und Freiheit finden. Dietrich Bonhoeffer hat 1944 im Tegeler Gefängnis in seinem Gedicht „Der Tod des Mose" dem Mose den Gedanken an die glückliche Zukunft des Volkes im Land vor Gott in den Mund gelegt: dort wird alles neu und anders sein. Aber wir wissen aus dem Alten Testament jenseits dieses Textes, spätestens im Richterbuch und danach immer deutlicher, daß es nicht so gekommen ist, daß die Israeliten das Land und die Ruhe und die Freiheit nie uneingeschränkt besaßen, besitzen durften, weil, wie die Bibel es begründet, ihr

Verhalten nicht danach war. Und wir wissen aus unserer Erfahrung, daß nach Dietrich Bonhoeffers Tode – in dem Gedicht über den Tod des Mose dachte er an seinen eigenen Tod – Ruhe und Freiheit längst nicht so vollkommen Wirklichkeit geworden sind, wie viele gehofft haben. Die Vollkommenheit des Lebens vor und mit Gott geht vor uns her, ein Mose und ein Bonhoeffer dürfen sie sehen, aber im Angesicht des Todes; besitzen können sie sie nicht und die, die nach ihnen kommen, auch nicht. Wer nach ihr greift – und wer möchte das nicht? –, dem geht es leicht wie dem griechischen Heroen Tantalus, wenn er nach den Früchten greift, die über ihm hängen: der Wind treibt sie hoch in die Wolken.

Aber Mose ist darum nicht Tantalus und wir sind es auch nicht. Über Tantalus hing ein großer Felsblock, der stets auf ihn zu fallen drohte: Zeus hatte hin dorthin gehängt, damit „der Unglückliche auch noch durch ewige Angst gequält" werde. Über Mose aber ist die Hand Gottes, diese Hand begräbt ihn sogar – unser Text berichtet den Vorgang, geheimnisvoll und erstaunlich, wie er ist, ohne alle Umschweife. Mose war nicht allein, und nach allem was wir wissen, hat sich auch Bonhoeffer nicht allein gewußt, als er im April 1945, die Freiheit so nah vor Augen wie Mose das Land und wie er in der vollen Kraft, sterben mußte.

Die Einsamkeit ist für uns alle aufgehoben durch den, der der Einsamste war, der am Kreuz zu seinem Gott schrie, warum er ihn verlassen habe. Auch er war, zu Beginn seines Weges, wie einst Mose am Ende des seinen, auf einen hohen Berg geführt worden und hatte dort nicht nur das kleine Palästina gezeigt bekommen, sondern alle Reiche der Welt, und sie waren ihm zum Besitz angeboten worden – unter der einen Bedingung, daß er auf die Gemeinschaft mit Gott verzichte. Er hatte den Satan von sich gewiesen, die Geschichte von Mose war nicht durch ihre Umkehrung Lügen gestraft worden.

In den Worten Gottes an Mose war die Zeit des Mose zur Zwischenzeit geworden zwischen der Zeit der Erzväter und der des Landbesitzes, zwischen Verheißung und Erfüllung. Aber dann wurde die Zeit des Landbesitzes eine neue Zwischenzeit, und bei denen, die in ihr lebten, wuchs Mose zur stets gegenwärtigen Figur empor: nicht nur in der Erfüllung lebten sie, sondern auch, ja noch mehr, unter neuer Verheißung, einem Ziel entgegen, das Gott ihnen zeigte. Wie Mose waren sie unterwegs, auch wenn sie im Land waren, und wie sie sind wir unterwegs, auch wenn wir die viel größere Erfüllung kennen, die Jesus Christus gebracht hat. Mose ist vergangen, es hat, gewiß ohne diese Absicht, seinen tiefen Sinn, daß bereits die alten Israeliten sein Grab nicht mehr kannten. Schon die Einzigartigkeit seiner Aufgabe verhindert, daß er zu den biblischen Gestalten gehört, mit denen wir uns leicht vergleichen können. Und doch ist in unserem Text auf einzigartige Weise auch von uns die Rede, und in dem, was wir über ihn sagen, sprechen wir notwendig auch von uns. Mose vor dem Ziel, das sind auch wir selbst, das verheißene Reich vor Augen, Gott, der in Jesus Christus unser Bruder geworden ist, zur Seite. Möchte unsere Kraft wie die des Mose in diesem Sinn nicht verfallen bis ans Ende, und möchten unsere Augen wie die seinen bis zuletzt nach vorn gerichtet sein und das sehen können, was Gott uns bereitet hat!

Amen.

Das Ende einer Flucht

Predigt über 1. Könige 19 am 31. Dezember 1987 (Altjahrsabend) in der Universitätskirche St. Nikolai in Göttingen

Und Ahab sagte Isebel alles, was Elia getan hatte und wie er alle Propheten Baals mit dem Schwert umgebracht hatte. Da sandte Isebel einen Boten zu Elia und ließ ihm sagen: Die Götter sollen mir dies und das tun, wenn ich nicht morgen um diese Zeit dir tue, wie du diesen getan hast! Da fürchtete er sich, machte sich auf und lief um sein Leben und kam nach Beerscheba in Juda und ließ seinen Diener dort. Er aber ging hin in die Wüste eine Tagereise weit und kam und setzte sich unter einen Wacholder und wünschte sich zu sterben und sprach: Es ist genug, so nimm nun, Herr, meine Seele; ich bin nicht besser als meine Väter. Und er legte sich hin und schlief unter dem Wacholder. Und siehe, ein Engel rührte ihn an und sprach zu ihm: Steh auf und iß! Und er sah sich um, und siehe, zu seinen Häupten lag ein geröstetes Brot und ein Krug mit Wasser. Und als er gegessen und getrunken hatte, legte er sich wieder schlafen. Und der Engel des Herrn kam zum zweitenmal wieder und rührte ihn an und sprach: Steh auf und iß! Denn du hast einen weiten Weg vor dir. Und er stand auf und aß und trank und ging durch die Kraft der Speise vierzig Tage und vierzig Nächte bis zum Berg Gottes, dem Horeb. Und er kam dort in eine Höhle und blieb dort über Nacht. Und siehe, das Wort des Herrn kam zu ihm: Was machst du hier, Elia? Er sprach: Ich habe geeifert für den Herrn, den Gott Zebaoth; denn Israel hat deinen Bund verlassen und deine Altäre zerbrochen und deine Propheten mit dem Schwert getötet, und ich bin allein übriggeblieben, und sie trachten danach, daß sie mir mein Leben nehmen. Der Herr sprach: Geh heraus und tritt hin auf den Berg vor den Herrn! Und siehe, der Herr wird vorübergehen. Und ein gro-

ßer, starker Wind, der die Berge zerriß und die Felsen zerbrach, kam vor dem Herrn her; der Herr aber war nicht im Winde. Nach dem Wind aber kam ein Erdbeben; aber der Herr war nicht im Erdbeben. Und nach dem Erdbeben kam ein Feuer; aber der Herr war nicht im Feuer. Und nach dem Feuer kam ein stilles, sanftes Sausen. Als das Elia hörte, verhüllte er sein Antlitz mit seinem Mantel und ging hinaus und trat in den Eingang der Höhle. Und siehe, da kam eine Stimme zu ihm und sprach: Was hast du hier zu tun, Elia? Er sprach: Ich habe für den Herrn, den Gott Zebaoth, geeifert; denn Israel hat deinen Bund verlassen, deine Altäre zerbrochen, deine Propheten mit dem Schwert getötet, und ich bin allein übriggeblieben, und sie trachten danach, daß sie mir das Leben nehmen. Aber der Herr sprach zu ihm: Geh wieder deines Weges durch die Wüste nach Damaskus und geh hinein und salbe Hasaël zum König über Aram und Jehu, den Sohn Nimschis, zum König über Israel und Elisa, den Sohn Schafats, von Abel-Mehola zum Propheten an deiner Statt. Und es soll geschehen: Wer dem Schwert Hasaëls entrinnt, den soll Jehu töten, und wer dem Schwert Jehus entrinnt, den soll Elisa töten. Und ich will übriglassen siebentausend in Israel, alle Knie, die sich nicht gebeugt haben vor Baal, und jeden Mund, der ihn nicht geküßt hat.

Und Elia ging von dort weg und fand Elisa, den Sohn Schafats, als er pflügte mit zwölf Jochen vor sich her, und er war selbst bei dem zwölften. Und Elia ging zu ihm und warf seinen Mantel über ihn. Und er verließ die Rinder und lief Elia nach und sprach: Laß mich meinen Vater und meine Mutter küssen, dann will ich dir nachfolgen. Er sprach zu ihm: Wohlan, kehre um! Bedenke, was ich dir getan habe! Und Elisa wandte sich von ihm weg und nahm ein Joch Rinder und opferte es und mit den Jochen der Rinder kochte er das Fleisch und gab's den Leuten, daß sie aßen. Und er machte sich auf und folgte Elia nach und diente ihm.

Liebe Gemeinde!
Vielleicht denken Sie jetzt schon eine ganze Weile: dieser Text ist zu lang. Mir scheint eher: er ist noch zu kurz. Ich hätte Ih-

nen noch das Kapitel vorher vorlesen sollen und dann einiges aus den folgenden Kapiteln, damit wir wissen, was vorangegangen ist und wie es weitergeht. Aber an dem Punkt, wo das Jahr 1987 in das Jahr 1988 übergeht, können wir uns auch nicht das ganze Jahr 1987 wiederholen, jedenfalls hier in der Kirche nicht, und was 1988 sein wird, weiß Gott allein, so wie er damals allein wußte, was dem Elia bevorstand. Elia wußte es nicht, nicht nur in dem banalen Sinn, in dem wir alle nicht wissen, was uns bevorsteht. Vor der Zukunft stand für ihn die Vergangenheit und drohte ihm die Zukunft wegzunehmen.

Was für eine Vergangenheit? Merkwürdigerweise nicht, wie wir jetzt, zumal als gute Christenmenschen, denken würden, eine von Mißerfolg, Schuld und Verstrickung. Das vorige Kapitel handelt von einer großen und gewaltigen Heldentat, die noch dazu eine Tat gerechten Widerstands war. Eine Tyrannin hatte die Wahrheit unterdrückt, und das Volk hatte mitgemacht. Die Propheten der Wahrheit, nämlich des Gottes Jahwe, waren getötet, seine Altäre niedergerissen und die Lüge installiert, der Baal. Elia mußte untertauchen, aber plötzlich kam er wieder und forderte die Propheten, 450, heraus und besiegte sie in einer Szene, die alle religiosen und nichtreligiösen Happenings, die wir kennen, in den Schatten stellt. Am Ende schlachtete er sie, alle 450. Die Lüge war, so schien es, besiegt. Elia gürtete seine Lenden und lief vor dem Wagen des Königs her in die Hauptstadt.

Aber die Tyrannin war noch da. Sie ließ sich von ihrem Mann, dem König, berichten und zeigte dann, was in ihr steckte. *Bist du Elia, so bin ich Isebel*, ließ sie dem Wahrheitskämpfer ausrichten, und da steckte in ihm auf einmal gar nichts mehr. *Er machte sich auf und lief um sein Leben.* Die erste Station, von der wir lesen, ist Beerscheba, 160 km Luftlinie durchs Gebirge, und von dort geht es gleich noch einen Tagesmarsch weiter in die Wüste, Schlußpunkt fürs erste ein Wacholderstrauch. Unter ihm sitzt der Held von gestern und wünscht sich den Tod: *Es ist genug, so nimm nun Herr, meine Seele; ich bin nicht besser als meine Väter.*

Es hat schon unbefangene Leser gegeben – und die Bibel braucht unbefangene Leser –, die haben über dieses Nacheinander einfach gelacht. Die Wissenschaft weiß Rat: die beiden Kapitel haben von Hause aus nichts miteinander zu tun, es sind selbständige Einzelerzählungen, die man nachträglich miteinander verbunden hat. Aber auch wenn das so ist: dem, der sie verbunden hat, muß das doch als möglich erschienen sein, nein als wirklich, daß der triumphierende und der verzweifelnde Elia derselbe Mensch gewesen sind. Und man braucht ja auch nicht manisch-depressiv zu sein oder den Katzenjammer nach durchzechter Silvesternacht zu riskieren, um diesen Wechsel an sich selber zu erfahren. Himmelhochjauchzend – zu Tode betrübt: das kennen wir schon, und sei es, ohne den Purzelbaum der Gefühle, im nüchternen Rückblick auf ein abgelaufenes Jahr. Da kann hoffentlich jeder von uns an Gutes denken: Erfolg, Leistung, Glück; in der Sprache des Glaubens: Führung, Bewahrung, Gnade. Aber die Gegenrechnung wird nirgends ganz fehlen, und vielleicht gibt es hier heute abend unter uns einen Menschen oder sogar zwei oder drei, denen Elia aus dem Herzen spricht: *Es ist genug, so nimm nun, Herr, meine Seele; ich bin nicht besser als meine Väter.* Die Väter sind dahin, und schon das zeigt, daß alles Positive, was wir von ihnen und von uns sagen können, letzten Endes – und dieses Ende kann sehr bald sein – in einer Klammer mit einem großen Minuszeichen steht. Wenn wir lebensklug sind, dann loben wir vielleicht sogar diese Klammer und sagen: das Plus ist gerade auf dem Hintergrund des Minus schön, nur so erfahren wir es als das, was es ist, und können uns darüber freuen. Was wäre der Frühling, wenn wir nicht aus dem Winter kämen und nicht wüßten, daß wieder Herbst werden wird? Aber das Ende wird, soweit wir es wissen können, der Winter sein, für uns selbst, aber schließlich – und wieder: das kann sehr bald sein – auch für diese Welt. Und dagegen können wir trotz allem, was wir tun können, und wir können ja immer mehr tun, schließlich doch elend wenig tun. „Es ist doch unser Tun umsonst auch in dem besten Leben."

Das „Beste" haben wir dem siegreichen Wahrheitskämpfer Elia doch wohl zuzugestehen – wer könnte ihm so schnell das Wasser reichen? Und was bekommt er dafür? Nicht einmal ein paar besinnliche Tage „zwischen den Jahren" oder zwischen den Kapiteln, wo er in Ruhe Bilanz ziehen kann. Er läuft um sein Leben, und unter jenem Wacholder sitzt er erschöpft und verzweifelt. Nachdem er sein armseliges Sprüchlein getan hat, schläft er ein: den Schlaf des Gerechten? Den des Ungerechten doch wohl kaum, aber jedenfalls dessen, der nicht mehr aus noch ein weiß. Er hat abgeschaltet, ist ausgestiegen, hat mit allem nichts mehr zu tun.

Da wird er angerührt und bekommt den Hinweis auf etwas, das hinter ihm steht, eine Kleinigkeit, aber was für eine in seiner Lage, ein geröstetes Brot und ein Glas Wasser, und dann den Hinweis auf den weiten Weg, den er vor sich hat. Seine Flucht stellt sich auf einmal als eine Flucht zu Gott heraus. Ob sie das von Anfang an sein sollte, erfahren wir nicht – jetzt ist sie es. Unser Abschalten und Aussteigen bringt uns Gott nicht aus den Augen, er ist die Adresse, bei der wir schließlich ankommen, ob wir es gewußt und gewollt haben oder nicht – da macht es nichts aus, ob wir Propheten sind oder nicht.

Aber auch für den Propheten ist es dorthin nicht einfach gleich um die Ecke. Gott ist uns nicht überall zur Hand, wo wir wollen. Wir alle können von seiner Abwesenheit, seiner Ferne mehr erzählen als von seiner Nähe. Elia muß es sich einiges kosten lassen, ihm zu begegnen. Der Marsch von vierzig Tagen und vierzig Nächten ist zwar eine schriftstellerische Übertreibung, so lange braucht man nicht von der Negev-Wüste bis zum Horeb oder Sinai, aber die Übertreibung soll ausdrücken: zu Gott zu kommen ist keine Kleinigkeit. Die Bibel sagt wohl: „Wenn ihr mich von ganzem Herzen suchen werdet, so will ich mich von euch finden lassen." Aber damit sagt sie nicht: mich von ganzem Herzen suchen ist mühelos, und sie sagt auch nicht: dort, wo man mich gefunden hat, geht es dann gemütlich zu.

Jedenfalls ist das, was Elia am Ziel seines Vierzig-Tagemarsches erlebt, alles andere als gemütlich. Er kampiert in einer Höhle am Berg, und auf die Frage: *Was machst du hier, Elia?* tut er ein neues Sprüchlein, diesmal etwas mehr trotzig als verzagt: er präsentiert sich als den, der für Jahwe, für den Herrn geeifert hat, als das Volk abfiel, und der als einziger Prophet die Verfolgung überstand. Jetzt darf er wohl beanspruchen, daß ihm seine Verdienste honoriert werden, daß er wirksame Unterstützung, Schutz und eine Atempause bekommt.

Was er bekommt, ist tatsächlich die Begegnung mit Gott, nach einem dramatischen Vorspiel. Der Wind, das Erdbeben, das Feuer: sie unterstreichen die göttliche Macht, der sich nichts entgegenstellen kann. Aber Gott ist nicht in ihnen, geschweige mit ihnen identisch, er steht über den Gewalten, die wir kennen und die uns imponieren. Sie gehen vor ihm her. Das tut auch noch das *stille sanfte Sausen*, das für Elia das Signal bedeutet, in den Eingang der Höhle zu treten. Die Stille hat in der Beziehung auf Gott dem Lärm nichts voraus, man braucht ihm mit Hölderlin und Rilke nicht näher zu sein als mit dem Schlußchor an die Freude oder, mit Verlaub, einer kräftigen Silvesterknallerei. Die Stille als solche ist ganz neutral, aber sie ist, wörtlich oder symbolisch, Voraussetzung für das Entscheidende, nämlich für das Hören dessen, was Er, der Herr, zu sagen hat. Und er *hat* dem Elia etwas zu sagen.

Zunächst, noch einmal: *Was hast du hier zu tun, Elia?* Das ist eine Erkundigung, aber auch mehr. Gott weiß ja, was mit uns ist, auch ohne uns zu fragen. Aber er fragt doch, damit wir antworten und uns vor ihm verantworten, damit zwischen ihm und uns klar wird, was mit uns los ist. „Adam, wo bist du?" „Wo ist dein Bruder Abel?" So nun hier: *Was hast du hier zu tun, Elia?* Was würden wir sagen auf die Frage: warum sitzest du hier in dieser Kirche? oder gar: warum stehst du auf dieser Kanzel? Was tut ihr, indem ihr am Schluß des Jahres in die Kirche geht? Was bedeutet das für unser Verhältnis zum Jahr 1987, was für unser Verhältnis zum Jahr 1988?

Elia antwortet beinahe rührend, indem er sein trotzig-verzagtes Sprüchlein von vorhin repetiert und also Gott noch einmal unmittelbar über seine Taten und seine nunmehrige Lage in Kenntnis setzt. „Das tat ich für den Herrn – was wird er für mich und für die Wahrheit tun? Ich habe das meine gesagt – was hat er darauf zu sagen?"

Das hat er zu sagen: *Geh wieder deines Weges durch die Wüste* – aber diesmal noch weiter, nach Damaskus, und dort sollst du einen neuen König über Syrien salben und dann einen neuen König über Israel und dann einen neuen Propheten. Alle drei werden schreckliche Dinge tun. Aber auf diese Weise wird die *Wahrheit* durchgesetzt werden, deren Diener du bist. Die

Wahrheit wird überleben in den 7000, die ihre Knie nicht vor dem Baal gebeugt und seinen Mund nicht geküßt haben. Also: deine Hoffnungslosigkeit ist unberechtigt, aber dafür, daß die Wahrheit siegt, kannst und mußt du etwas tun, ja Entscheidendes tun. Keine Rede von allerhöchster Belobigung und Bemitleidung und womöglich Gewährung eines Erholungsurlaubs auf dem Sinai, was Elia nach unseren Begriffen alles redlich verdient hätte. Vielmehr: erst einmal weiter, ohne Verzug! Allerdings eine Erleichterung, eine Hilfe bekommt Elia dann doch: er soll, so heißt es zunächst, den Elisa zum Propheten *an seiner Statt* salben, aber dann tritt Elisa doch nicht erst viel später an seine Statt, sondern schon gleich an seine Seite – auch er ohne Verzug: mitten aus allem heraus, ohne Abschied.

Liebe Gemeinde, die Bibel verlangt von uns nicht, daß wir alle Elias oder Elisas werden. Wir brauchen uns das auch für 1988 nicht vorzunehmen – es würde doch nichts daraus, oder kaum etwas Gutes. Trotzdem redet uns die Geschichte von Elia an, gerade an dem Ende und dem Anfang, den das heutige und das morgige Datum bedeuten. Sie sagt uns, kurz zusammengefaßt und manches weggelassen: denkt nicht, daß es im neuen Jahr einfacher sein wird als im alten, denkt vor allem nicht, daß Flucht die Lösung eurer Probleme ist. Wohin ihr auch flieht, ihr kommt letzten Endes zu Gott, und das soll auch so sein, und ihr sollt die Begegnung mit ihm nicht scheuen, sondern suchen und euch das etwas kosten lassen. Auch, nein gerade er wird euch den weiteren Weg wahrscheinlich nicht einfacher machen. Aber ihr werdet besser als sonst wissen, was ihr zu tun habt. Ihr könnt nämlich etwas tun und sollt es tun – für die Wahrheit, die er selbst ist. Er wird euch dabei nicht ohne ein geröstetes Brot und ein Glas Wasser und nicht ohne Menschen an eurer Seite lassen. Hebt nur eure Augen auf – und eure Ohren, wenn es still um euch ist!

Amen.

Der Geist der Wahrheit

Predigt über 1. Könige 22,1–28 am 25. Mai 1980 (Pfingstsonntag) in der Universitätskirche St. Nikolai in Göttingen

Und es vergingen drei Jahre, daß kein Krieg war zwischen den Aramäern und Israel. Im dritten Jahr aber zog Joschafat, der König von Juda, hinab zum König von Israel. Und der König von Israel sprach zu seinen Großen: Wisset ihr nicht, daß Ramot in Gilead unser ist, und wir sitzen still und nehmen es nicht dem König von Aram ab? Und er sprach zu Joschafat: Willst du mit mir ziehen in den Kampf gegen Ramot in Gilead? Joschafat sprach zum König von Israel: Ich will sein wie du, und mein Volk wie dein Volk, und meine Rosse wie deine Rosse.

Und Joschafat sprach zum König von Israel: Frage doch zuerst nach dem Wort des Herrn! Da versammelte der König von Israel Propheten, etwa vierhundert Mann, und sprach zu ihnen: Soll ich gegen Ramot in Gilead in den Kampf ziehen, oder soll ich's lassen? Sie sprachen: Zieh hinauf! Der Herr wird's in die Hand des Königs geben. Joschafat aber sprach: Ist hier kein Prophet des Herrn mehr, daß wir durch ihn den Herrn befragen? Der König von Israel sprach zu Joschafat: Es ist noch einer hier, Micha, der Sohn Jimlas, durch den man den Herrn befragen kann. Aber ich bin ihm gram; denn er weissagt mir nichts Gutes, sondern nur Böses. Joschafat sprach: Der König rede so nicht! Da rief der König von Israel einen Kämmerer und sprach: Bringe eilends her Micha, den Sohn Jimlas!

Der König von Israel aber und Joschafat, der König von Juda, saßen jeder auf seinem Thron in ihren königlichen Kleidern auf dem Platz vor dem Tor Samarias, und alle Propheten fingen an, vor ihnen zu weissagen. Und Zedekia, der Sohn Kenaanas, hatte sich eiserne Hörner gemacht und sprach: So

spricht der Herr: Hiermit wirst du die Aramäer niederstoßen, bis du sie vernichtest. Und alle Propheten weissagten ebenso und sprachen: Zieh hin gegen Ramot in Gilead; es wird dir gelingen! Der Herr wird's in die Hand des Königs geben. Und der Bote, der hingegangen war, um Micha zu rufen, sprach zu ihm: Siehe, die Worte der Propheten sind einmütig gut für den König; so laß nun auch dein Wort wie ihr Wort sein und rede Gutes. Micha sprach: So wahr der Herr lebt: ich will reden, was der Herr mir sagen wird. Und als er zum König kam, sprach der König zu ihm: Micha, sollen wir gegen Ramot in Gilead in den Kampf ziehen, oder sollen wir's lassen? Er sprach zu ihm: Ja, zieh hinauf, es soll dir gelingen! Der Herr wird's in die Hand des Königs geben. Der König entgegnete ihm: Wie oft soll ich dich beschwören, daß du mir im Namen des Herrn nichts als die Wahrheit sagst! Micha sprach:

Ich sah ganz Israel zerstreut auf den Bergen
wie Schafe, die keinen Hirten haben.
Der Herr aber sprach: Diese haben keinen Herrn;
ein jeder kehre wieder heim mit Frieden.

Da sprach der König von Israel zu Joschafat: Hab ich dir nicht gesagt, daß er mir nichts Gutes weissagt, sondern nur Böses? Micha sprach: Darum höre nun das Wort des Herrn! Ich sah den Herrn sitzen auf seinem Thron und das ganze himmlische Heer neben ihm stehen zu seiner Rechten und Linken. Und der Herr sprach: Wer will Ahab betören, daß er hinaufzieht und vor Ramot in Gilead fällt? Und einer sagte dies, der andere das. Da trat ein Geist vor und stellte sich vor den Herrn und sprach: Ich will ihn betören. Der Herr sprach zu ihm: Womit? Er sprach: Ich will ausgehen und will ein Lügengeist sein im Munde aller seiner Propheten. Er sprach: Du sollst ihn betören und sollst es ausrichten; geh aus und tu das! Nun siehe, der Herr hat einen Lügengeist gegeben in den Mund aller deiner Propheten; und der Herr hat Unheil gegen dich geredet. Da trat herzu Zedekia, der Sohn Kenaanas, und schlug Micha auf die Backe und sprach: Wie? Ist der Geist des Herrn von mir gewichen, daß er mit dir redet? Micha sprach: Wahrlich, an dem Tage wirst du's sehen, wenn du von einer Kammer in die andere gehst, um dich zu verkriechen. Der

König von Israel sprach: Nimm Micha und bring ihn zu Amon, dem Stadthauptmann, und zu Joasch, dem Sohn des Königs, und sprich: So spricht der König: Diesen werft in den Kerker und speist ihn nur kärglich mit Brot und Wasser, bis ich mit Frieden wiederkomme. Micha sprach: Kommst du mit Frieden wieder, so hat der Herr nicht durch mich geredet. Und er sprach: Höret, alle Völker!

Liebe Gemeinde!
Der heilige Geist, dem das Pfingstfest gilt, bedeutet die Gegenwart und die Wirksamkeit Gottes unter uns. Gott war ja nicht nur damals in Palästina, als er sich den Vätern, Propheten und Aposteln offenbarte, unter den Menschen gegenwärtig und tätig, sondern auch seitdem jederzeit, heute nicht weniger als irgendwann. Wir wissen und verspüren davon meist allzu wenig und wollen es womöglich auch gar nicht anders, denn ohne Gott lebt es sich, so meinen wir, freier und jedenfalls bequemer. Aber das ist wohl die größte Torheit, die wir überhaupt begehen können. Denn wenn es mit diesem Gott etwas auf sich hat, ja mehr: wenn er uns in dem Menschen Jesus von Nazareth sein wahres Gesicht gezeigt hat, dann ist es sträflicher Leichtsinn, nicht ernsthaft und dringend nach seiner Gegenwart und Wirksamkeit unter uns und nach seiner Weisung für uns zu fragen.

Die beiden Könige in unserer Geschichte halten es in dieser Sache, mit diesem Fragen verschieden. Da ist der König von Israel, der mächtige Herr eines Reiches, das sich am Spiel der Kräfte im damaligen vorderen Orient, der die Welt war, munter beteiligt. Ein Wunder, daß drei Jahre zwischen ihm und dem Nachbarstaat der Aramäer von Damaskus Frieden ist. Aber länger dauert der Frieden auch nicht. Da ist noch eine Stadt, die man erobern könnte, ja sie gehört eigentlich zu Israel – alles, was man erobern will, gehört einem ja eigentlich –, und so sagt der König in der Versammlung seiner Großen: wieso *sitzen wir still und nehmen diese Stadt nicht dem König von Aram ab?* In dieser Versammlung hat er das Sagen, die Sache ist also beschlossen. Der König des kleinen Nachbarreiches Juda, der sich gerade zum diplomatischen Bruderbesuch in der israelitischen Hauptstadt Samaria aufhält, kann, als ein rechter Verbündeter, nichts tun als mitmachen: *ich wie du, mein Volk wie dein Volk, meine Rosse wie deine Rosse.*

Aber nachdem der kleine König das fast automatisch gesagt hat, wagt er überraschend doch noch einen Satz, aus Überzeugung oder weil ihm jeder Ausweg oder auch nur Aufschub recht ist: *Frage doch zuerst nach dem Wort des Herrn!* Den König von Israel bringt das nicht aus der Fassung. Für solche Zwecke hat er Propheten, 400 sogar, die versammelt er und stellt ihnen die Frage, die er in der vorigen Versammlung, mit seinen Großen, schon profan gestellt und zugleich beantwortet hat. Die religiöse Antwort, die er nun bekommt, ist ganz nach seinem Wunsch: er soll die Stadt angreifen, der Herr wird sie in sine Hand geben. Die Propheten teilen das nicht nur einfach in dürren Worten mit, sondern veranstalten ein großes ekstatisches Happening. Immer wieder skandieren sie ihre Worte, und aus ihrer Mitte tritt noch ein Starprophet hervor, der mit eisernen Hörnern den bevorstehenden Sieg demonstriert.

Die beiden Könige, der große und der kleine, sitzen auf ihren Thronen über der Szene, der eine zufrieden, der andere skeptisch. Die Worte des Königs von Juda lassen offen, ob er den 400 Propheten und ihrem Star überhaupt die Legitimität bestreitet oder ob er nur ein weiteres Votum wünscht. So oder so: ihn überzeugt der ganze Rummel nicht, von dem nur sicher ist, daß er das politische Bedürfnis des Königs von Israel und wohl auch das religiöse Bedürfnis der Beteiligten befriedigt. Die Befriedigung dieser Bedürfnisse braucht mit der Gegenwart, der Wirksamkeit und der Weisung Gottes wahrhaftig nichts zu tun zu haben.

Und so besteht der König von Juda auf der Befragung des einen Propheten, den es *noch* gibt – oder des einen richtigen Propheten, den es *überhaupt* noch gibt. Der König von Israel versucht zu bremsen. Er hat mit dem Mann schlechte Erfahrungen gemacht. Was Micha der Sohn Jimlas sagt, ist nicht das, was man hören will, es ist nicht Gutes sondern Böses. Seine Worte werden nicht gruppendynamisch ausgearbeitet und vorgeführt, sie gipfeln nicht im wirksamen Gag; sie begeistern und betäuben nicht, sondern machen betroffen und nachdenklich, zeigen eher das Ende als den Anfang menschlicher Möglichkeiten. Trotzdem tut der König von Israel seinem Amtsbruder den Gefallen und läßt Micha holen. Und während der Zirkus der 400 vor den beiden Königen weitergeht, sucht seitab der Bote auf den einen Propheten einzuwirken, er möge doch reden wie sie. Doch Micha, wie nicht anders zu erwarten, läßt sich nicht beirren. Er schwört sogar einen Eid: was der Herr zu ihm sagen wird, das wird er reden. Er ist nicht vorprogrammiert und nicht zu beeinflussen, er wird das Wort von oben sagen, das noch nicht einmal er selber kennt.

Als er dann vor den beiden Königen steht, kommt zunächst überraschend ein retardierendes Moment: er sagt dasselbe wie die anderen. Daß er das tut, wundert mit Recht alle Ausleger bis heute und läßt sie ihre exegetischen Künste spielen, mit zweifelhaftem Erfolg. Es wundert natürlich auch schon damals die beiden Könige. Ausgerechnet der von Israel, der ja froh sein und den sonst Unbequemen schleunigst wegschicken könnte, bevor er doch noch Unheil anrichtet, will nun auf einmal wirklich wissen, was das Wort des Herrn, was die Wahrheit ist.

Da antwortet Micha mit dem, was er gesehen hat, und damit kommt ein ganz anderer Klang in die Geschichte. Micha hat gesehen: Israel zerstreut auf den Bergen wie Schafe ohne Hirten. Und dazu hat er die Stimme des Herrn gehört: *Diese haben keinen Herrn; ein jeder kehre wieder heim in sein Haus mit Frieden.* Also: die Macht des großen Königs mitsamt der seines kleinen Satelliten ist eine Illusion, der geplante Kriegszug ein Abenteuer mit tödlichem Ausgang; Israels Zustand danach wäre bedauernswert. Es bleibt nur, das Unternehmen abzublasen.

Der König von Israel reagiert nicht sichtbar erschrocken, sondern indem er sich zu seinem kleinen Kollegen hinüberlehnt und ihm sagt, was auf gut Berlinisch, aber auch Göttingisch „siehste“ heißt: *Hab ich dir nicht gesagt, daß er mir nichts Gutes weissagt, sondern nur Böses?* Aber Micha läßt nicht zu, daß es wieder auf dieser Ebene weitergeht. Er hat noch mehr gesehen als das Bild vom zerstreuten Israel, in einer noch ganz anderen Dimension. Er hat einen anderen Thron gesehen als den der beiden Könige vor ihm, den Thron, auf dem der Gott Israels sitzt. Das ist der Ort der Wahrheit, dort wird alles durchsichtig, dort fällt die Entscheidung über das, was geschieht, dort und nur dort ist die Macht, die jeden Widerstand besiegt. Um den Herrn auf diesem Thron steht das Heer des Himmels, vor ihn treten die Geister, durch die er die Geschicke der Welt lenkt. Und von diesen Geistern – das hat Micha gesehen – bekommt einer den Auftrag, *Lügengeist* im Munde der Propheten des Königs von Israel zu sein und ihn durch sie zu betören, daß er jenen Feldzug unternimmt und in sein Verderben läuft. Eine unheimliche, eine böse Vision! Auch in jenen 400 wirkt ein Geist, ja ein Geist von Gott, dem Gott Israels. Aber das ist kein Geist zum Guten sondern einer zum Verderben, mit ihm wird nicht aufgebaut sondern eingerissen, weil es Gottes Wille ist – ein Wille freilich, den die, die ihn ausführen, nicht erkennen.

Micha erkennt ihn, weil er hat sehen dürfen, sehen müssen, und er teilt seine Erkenntnis mit, nicht unbedingt um das Verhängnis noch zu verhindern, sondern zunächst und vielleicht sogar ausschließlich darum, weil der König nun wissen kann: die höchste Instanz hat sein Verderben beschlossen, sein Geschick ist besiegelt. Was der König daraufhin tun mag, ist, von Micha aus gesehen, seine Sache.

Der König tut, was er von Anfang an vorhatte; die ganze Prophetenbefragung war für ihn nur ein Intermezzo. Sein Starprophet gibt dem Störenfried eine Ohrfeige: ist nicht er es, der den Geist des Herrn hat? – nach dem, was Micha gesehen hat, eine hintergründige Frage! Und Micha „sieht“ zum dritten Mal, diesmal seinen beamteten Kollegen, wie er von einer Kammer in die andere geht, um sich zu verkriechen.

Doch so weit ist es noch nicht. Fürs erste wandert Micha ins Gefängnis, bei verschärften Haftbedingungen, bis, so endigt trocken die königliche Anweisung, *ich mit Frieden wiederkomme.* Micha gibt nicht weniger trocken zurück: *Kommst du mit Frieden wieder, so hat der Herr nicht durch mich geredet.* Und dann sagt er nach dem Wortlaut unseres in mancher Beziehung mehrschichtigen Textes den merkwürdigen, in seiner Lage ebenso pathetischen wie lächerlichen Satz: *Höret, alle Völker!*

Der König von Israel kam nicht mit Frieden wieder. Er

suchte den Tod auf den kleinen König von Juda abzulenken, aber ein Pfeil traf ihn, in seinem Wagen leckten die Hunde sein Blut und die Huren der Hauptstadt wuschen sich darin. Was aus Micha wurde, wissen wir nicht. Aber die Völker haben gehört und können immer noch hören. Daß sie es können, hängt nach der Pfingstgeschichte eng mit der Erfahrung des Geistes zusammen, der gemäß alttestamentlicher Verheißung über sie ausgegossen ist. Was können wir als Angehörige dieser Völker aus der Geschichte von Micha dem Sohn des Jimla für unseren Umgang mit dem Geist lernen?

Vor allem Behutsamkeit. Kaum ein Begriff schillert ja so wie der des Geistes und hat eine solche Variationsbreite. Jeder von uns hat ganz profan seine Geistesart und kann sich seine Art Geist aussuchen, vom „lebendigen Geist", dem laut Inschrift auf dem Hauptgebäude eine süddeutsche Universität geweiht ist, bis hin zu den Geistern, die in englischen Schlössern laut bestimmter Auskunft von deren Bewohnern nach wie vor zu erscheinen pflegen. Kaum weniger verschieden und also keineswegs über einen Kamm zu scheren ist, was sich religiös und christlich Geist nennt. Die Bezeichnung, auch die Selbstbezeichnung Geist braucht noch nicht allzuviel zu besagen, weder über die Phänomene noch gar über ihre Legitimität. Es gibt heilige Begeisterung, aber auch heilige Nüchternheit, und beide brauchen sich in ihrem Verhältnis zum heiligen Geist nicht um ein Haar zu unterscheiden. Ohne den Enthusiasmus in mancherlei Form läßt sich die alttestamentliche Prophetie nicht denken, ebensowenig das Urchristentum und dann viel heilsame Unruhe in der Kirchengeschichte. Aber ohne die Gegengewichte dazu wäre das alte Israel und wäre die Kirche verloren gewesen – nicht nur im Sinne eines ausgleichenden und damit bewahrenden Spiels der Kräfte, sondern auch im Sinne der Wahrheit.

Von Micha dem Sohn den Jimla heißt es nirgends, er habe den Geist; er behauptet es auch selbst nicht. Ja er bestreitet den 400 zweifellos begeisterten Krakeelern, die da vor den beiden Königen ihre Vollversammlung abhalten, nicht einmal, daß ihre Begeisterung von Gott kommt. Aber der Geist, der in ihnen wirkt, ist nicht der Geist der Wahrheit, sondern ein Geist der Lüge. An den Phänomenen sieht man das nicht, wenigstens noch nicht. Micha hat seine Einsicht nicht aus sich selber, sondern sie wurde ihm zuteil am Ursprung der Wahrheit und – wie verwegen ist das gedacht! – auch der Lüge, vor dem Thron des Gottes Israels.

Wir beziehen unsere Kriterien nicht aus Visionen, und wenn doch, dann sind wir, zumal in einer Universität, um so mehr zur nüchternen Kontrolle verpflichtet. Nüchtern ist ja, es klang schon an, nicht dasselbe wie geistlos, im Gegenteil: die auf den Geist hin orientierte und damit in Freiheit gehorsame Vernunft ist die Gnadengabe, das Charisma, in dessen Gebrauch, wenn wir es hoffentlich überhaupt besitzen, wir uns hier vor allem einzuüben haben – ohne damit die Existenz und oft größere Bedeutung der vielen anderen Charismen zu übersehen und ihre guten Wirkungen, direkt und indirekt, abzuweisen.

Die Reformation stellte dem Geist als Kriterium das Wort zur Seite. Das konnte zu törichter und lähmender Dämpfung des Geistes, zu gefährlicher Geistlosigkeit führen. Aber es mußte, ja konnte und kann das nicht, wo klar ist, was, nein: wer das Wort ist. Wir haben vorhin im nicänischen Glaubensbekenntnis unseren Glauben an den heiligen Geist als den vom Vater *und dem Sohn* ausgehenden bekannt. Da liegt das Kriterium, dessen gehorsam nüchterne und gerade darin begeisterte Anwendung uns aufgegeben ist. Nicht als ob damit alles einfach und unstrittig wäre. Man kann bekanntlich unter Berufung auf Jesus von Nazareth sehr Verschiedenes für richtig halten und tun. Mit dem Geist der Wahrheit und dem Geist der Lüge ist es oft immer noch so kompliziert wie bei Micha dem Sohn Jimlas und seinen Gegnern, vieles bleibt vorerst so offen wie damals. Aber im Blick auf den Herrn der Kirche ist es möglich, voller Hoffnung den ganz eindeutigen pfingstlichen Satz zu sprechen: O komm, du Geist der Wahrheit!

Amen.

Himmelfahrt am Jordan

Predigt über 2. Könige 2 am 31. Mai 1984 (Christi Himmelfahrt) in der Klosterkirche St. Thomas und St. Nikolaus in Bursfelde

Als aber der Herr Elia im Wetter gen Himmel holen wollte, gingen Elia und Elisa von Gilgal weg. Und Elia sprach zu Elisa: Bleibe du hier, denn der Herr hat mich nach Bethel gesandt. Elisa aber sprach: So wahr der Herr lebt und du lebst: ich verlasse dich nicht. Und als sie hinab nach Bethel kamen, gingen die Prophetenjünger, die in Bethel waren, heraus zu Elisa und sprachen zu ihm: Weißt du auch, daß der Herr heute deinen Herrn von dir hinwegnehmen wird? Er aber sprach: Auch ich weiß es wohl; schweigt nur still. Und Elia sprach zu ihm: Elisa, bleib du hier, denn der Herr hat mich nach Jericho gesandt. Er aber sprach: So wahr der Herr lebt und du lebst: ich verlasse dich nicht. Und als sie nach Jericho kamen, traten die Prophetenjünger, die in Jericho waren, zu Elisa und sprachen zu ihm: Weißt du auch, daß der Herr heute deinen Herrn von dir hinwegnehmen wird? Er aber sprach: Auch ich weiß es wohl; schweigt nur still. Und Elia sprach zu ihm: Bleib du hier, denn der Herr hat mich an den Jordan gesandt. Er aber sprach: So wahr der Herr lebt und du lebst: ich verlasse dich nicht. Und es gingen die beiden miteinander. Und fünfzig von den Prophetenjüngern gingen hin und standen von ferne; aber die beiden standen am Jordan. Da nahm Elia seinen Mantel und wickelte ihn zusammen und schlug ins Wasser; das teilte sich nach beiden Seiten, so daß die beiden auf trockenem Boden hinübergingen. Und als sie hinüberkamen, sprach Elia zu Elisa: Bitte, was ich dir tun soll, ehe ich von dir genommen werde. Elisa sprach: Daß mir zwei Anteile von deinem Geiste zufallen. Er sprach: Du hast Schweres erbeten. Doch wenn du mich sehen wirst, wie ich von dir genommen werde, so wird's geschehen; wenn nicht, so wird's nicht sein. Und als sie miteinander gingen und redeten, siehe, da kam ein feuriger Wagen mit feurigen Rossen, die schieden die beiden voneinander. Und Elia fuhr im Wetter gen Himmel. Elisa aber sah es und schrie: Mein Vater, mein Vater, du Wagen Israels und sein Gespann! und sah ihn nicht mehr. Da faßte er seine Kleider, zerriß sie in zwei Stücke und hob den Mantel auf, der Elia entfallen war, und kehrte um und trat wieder an das Ufer des Jordans. Und er nahm den Mantel, der Elia entfallen war, und schlug ins Wasser und sprach: Wo ist nun der Herr, der Gott Elias? und schlug ins Wasser. Da teilte es sich nach beiden Seiten, und Elisa ging hindurch. Und als das die Prophetenjünger sahen, die gegenüber bei Jericho waren, sprachen sie: Der Geist Elias ruht auf Elisa, und sie gingen ihm entgegen und fielen vor ihm nieder zur Erde und sprachen zu ihm: Siehe, es sind unter deinen Knechten fünfzig starke Männer, die laß gehen und deinen Herrn suchen. Vielleicht hat ihn der Geist des Herrn genommen und auf irgendeinen Berg oder in irgendein Tal geworfen. Er aber sprach: Laßt sie nicht gehen! Aber sie nötigten ihn, bis er nachgab und sprach: Laßt sie hingehen! Und sie sandten hin fünfzig Männer, und diese suchten Elia drei Tage; aber sie fanden ihn nicht. Und sie kamen zu Elisa zurück, als er noch in Jericho war, und er sprach zu ihnen: Sagte ich euch nicht, ihr solltet nicht hingehen?

Und die Männer der Stadt sprachen zu Elisa: Siehe, es ist gut wohnen in dieser Stadt, wie mein Herr sieht; aber es ist böses Wasser, und es macht unfruchtbar. Er sprach: Bringt mir her eine neue Schale und tut Salz hinein! Und sie brachten's ihm. Da ging er hinaus zu der Wasserquelle und warf das Salz hinein und sprach: So spricht der Herr: Ich habe dies Wasser gesund gemacht; es soll hinfort weder Tod noch Unfruchtbarkeit von ihm kommen. So wurde das Wasser gesund bis auf diesen Tag nach dem Wort Elisas, das er sprach.

Und er ging hinauf nach Bethel. Und als er den Weg hinanging, kamen kleine Knaben zur Stadt heraus und verspotteten ihn und sprachen zu ihm: Kahlkopf, komm herauf! Kahlkopf, komm herauf! Und er wandte sich um, und als er sie sah, verfluchte er sie im Namen des Herrn. Da kamen zwei Bären aus dem Walde und zerrissen zweiundvierzig von den Kindern. Von da ging er auf den Berg Karmel und kehrte von da nach Samaria zurück.

Liebe Gemeinde!
Damit wir uns nicht mißverstehen, gebe ich Ihnen sofort zu, daß diese Geschichte ein starkes Stück ist, so richtig „alttestamentarisch“, wie manche Journalisten sagen, überhaupt nicht christlich, in mehrfacher Hinsicht ganz unmöglich. Sie haben mit größter Wahrscheinlichkeit noch nie eine Predigt darüber gehört, und ich kann Ihnen versichern: so bald werden Sie auch keine wieder hören. Trotzdem besteht für den Prediger hier so wenig wie sonst ein Anlaß, sich für die Wahl des Textes zu entschuldigen. Auch dieses Kapitel Bibel will uns etwas sagen, und wir sind gebeten, uns das anzuhören.

Es sind zwei ziemlich verschiedene Männer, die hier zu beiden Seiten des Jordan agieren, wie schon der Umstand zeigt, daß wir den einen in den Himmel entschwinden sehen und den anderen nach Samaria, der Hauptstadt des damaligen Israel. Wichtiger ist, was sie gemeinsam haben: eine Macht, eine Kraft, die die anderen Menschen nicht haben und auch diese beiden nicht gleichzeitig; sie geht in unserer Erzählung vom einen auf den anderen über, und wie wir sehen, hat der Übergang seine Probleme.

Aber nicht nur er hat sie. Diese Macht, diese Kraft zeigt sogleich in der Hand des Elisa, und vorher bei Elia war es nicht anders, ein doppeltes Gesicht – darf man sagen: ein gutes und ein böses? Jedenfalls ein beglückendes und ein erschreckendes, ein heilendes und bewahrendes und ein zerstörendes. Das hat sie mit den allermeisten Mächten und Kräften gemeinsam, mit denen wir zu tun bekommen; nur das eine oder nur das andere dieser Gesichter zu sehen, kann unverzeihliche und lebensgefährliche Dummheit sein.

Die Macht und Kraft, die Elia und Elisa verwalten, unterscheidet sich von den anderen Mächten und Kräften dadurch, daß sie sich unmittelbar auf Gott zurückführt, auf Jahwe, den Gott Israels. Der kräftigste Ausdruck dafür wurde unsere Erzählung von der Himmelfahrt des Elia, einem auch und gerade für alttestamentliches Denken unerhörten Vorgang. Man hatte den Elia in seinem Wirken näher bei Gott als bei den Menschen erlebt, in einer so einzigartigen Nähe, daß dafür nicht einmal die Grenze des Todes gelten konnte. Und so erzählte man sich nach einiger Zeit, wie es geschehen war, daß *der Herr Elia im Wetter gen Himmel holte*.

Was ist das für eine merkwürdige Tour, die die beiden Männer Elia und Elisa da unternehmen, aus dem Gebirge von Gilgal über Bethel und Jericho zum Jordan und trockenen Fußes hinüber. Stellen Sie sich ungefähr vor, Westjordanland mit östlichem Weserbergland vertauscht: von Dassel über Neuhaus und Adelebsen hier bei Bursfelde an die Weser und hinüber in den Reinhardswald, der sich ja für einen mythologischen Vorgang wie eine Himmelfahrt hervorragend eignet. Elia will den Elisa an jeder Station abschütteln: bleib hier, Gott schickt mich weiter; aber er sagt auch gleich dazu, wohin er ihn schickt, und Elisa schwört beim Leben desselben Gottes und dem des Elia, er werde bei ihm bleiben. Beide *wissen*, und auch die Zaungäste an den berührten Orten wissen, aber schweigend *gehen die beiden miteinander*, wie die Erzählung im Anklang an Abrahams schrecklichen Weg mit Isaak berichtet. Erst als sie drüben sind und die Zeugen, sozusagen wir hier in Bursfelde, außer Sicht, bricht Elia das Schweigen über das, was nun bevorsteht. Und jetzt kommt auch heraus, warum Elisa so hartnäckig mitgelaufen ist: er will etwas *haben*, den Geist des Elia oder doch *zwei Anteile* davon, das heißt wohl zwei Drittel, und mit dem gewaltigen Anblick des feurigen Wagens wird ihm die Bitte gewährt; er braucht nur noch den Mantel des Elia aufzuheben. Die Gemeinde diesseits des Flusses sieht das Ergebnis und akklamiert dem neuen Träger des Geistes, glaubt aber, wie 900 Jahre später Thomas, doch noch nicht so ganz und beordert, um sicher zu gehen, gegen den Willen des Elisa einen Suchtrupp ans jenseitige Ufer, und obwohl es dort immer noch übersichtlicher ist als im Reinhardswald, wird Elia nicht gefunden. Auf der allerletzten Seite des Alten Testaments, im Buch Maleachi, können Sie lesen, er werde vor dem Ende wiederkommen, um ein Versöhnungswerk zu tun, das vorher offenbar keine Aussicht auf dauernden Erfolg hat: das Herz der Väter zu den Söhnen zu bekehren und das Herz der Söhne zu ihren Vätern.

Die Krise ist überstanden, die Macht und Kraft, die Elia verwaltet hat, in anderer Hand in der irdischen Welt geblieben. Sie wird sogleich und mit Erfolg beansprucht für einen ausdrücklich als ökologisch bezeichneten Fall: eine Stadt gut zum Wohnen, aber mit bösem Wasser. Beneidenswerte Leute, die für die Entseuchung einen Elisa hatten und nicht auf viel Geld, Geduld und Chemie – mitsamt dem Verzicht auf andere Chemie – angewiesen waren!

Aber bevor es in diesem Stil weitergeht, setzt Elisa das große Warnsignal. Es freut mich ebensowenig wie Sie – oder doch hoffentlich die allermeisten von Ihnen –, daß die beiden Verse über die bösen Buben von Bethel in der Bibel stehen, und die Wahrscheinlichkeit, daß die Geschichte kaum je so passiert ist, bietet dafür nur einen schwachen Trost. Vielleicht sind wir ja auch alle miteinander wirklich nicht so humorlos wie Elisa, dem diese Horde von Halb- und Viertelstarken seine Glatzköpfigkeit in die Ohren schreit mitsamt der Aufforderung, doch heraufzusteigen – zu ihnen oder gleich in den Himmel wie Elia. Vielleicht würden wir auch dann, wenn wir eine solche Macht hätten wie Elisa, sie nicht dagegen einsetzen; nehmen wir es einmal an! Aber im Hintergrund des Vorganges steht doch etwas anderes: die Gegenwart der heilenden und bewahrenden Kraft Gottes ist nichts, worüber man Witze reißen kann. Gott läßt sich nicht spotten, wodurch es auch immer geschehe. Wir brauchen uns den Humor, wenn's welcher ist, beileibe nicht verbieten zu lassen, auch in der Kirche nicht und hier auch den antiklerikalen nicht, aber wir sollten, und sei es ganz anders als Elisa, die Grenze wissen und dann nicht übertreten, wo das Heilige, nein: der Heilige beleidigt wird.

Die Geschichte der Israeliten ist in den nächsten Generationen nach der Darstellung des Alten Testaments ganz überwiegend eine Geschichte von Beleidigungen des Heiligen gewesen, in Worten und in Taten. Dementsprechend war die göttliche Gegenwart bei ihnen immer weniger eine helfende und bewahrende, die Propheten konnten nicht mehr wie Elia und Elisa *Wagen Israels und sein Gespann* heißen, sie redeten fast nur noch vom Zorn Jahwes und dem bevorstehenden Gericht. Aber als das Gericht Wirklichkeit geworden war, wurden sie ermächtigt, neues und diesmal endgültiges Heil anzukündigen, die wunderbare Wiederherstellung Israels durch seinen Gott, die der ganzen Welt zugutekommen würde.

Wir glauben, daß dieses neue, endgültige Heil den Namen Jesus Christus getragen hat und noch trägt. Die Evangelien zeichnen das Tun des Mannes aus Nazareth nicht ganz selten unter Verwendung von Zügen, die aus den Geschichten von Elia und Elisa stammen. Hier war für sie die gleiche Macht und Kraft unter den Menschen wie damals, aber nun nicht mehr mit doppeltem Gesicht und nicht mehr vorübergehend. Jesus trug Spott, Lästerung und Leiden bis zum Tod, seinem eigenen Tod, und rief nicht zwölf Legionen Engel herbei wie einst Elisa die beiden Bären. Er nahm das Gericht auf sich, das uns hätte treffen müssen. Und seine Himmelfahrt bedeutete nicht das Ende seines Wirkens für die Menschen, allenfalls mit der Aussicht auf eine späte Wiederkehr, sondern den Beginn seiner Herrschaft über die ganze Welt: „Mir ist gegeben alle Gewalt im Himmel und auf Erden."

Nach dieser Himmelfahrt ist uns kein Wundermann von jenseits des Flusses geschickt worden, wohl aber, zu Pfingsten, der Geist, der heilige Geist, der in uns allen Wohnung nehmen will als der Tröster und Beistand. Mit ihm können wir keinen Fluß zerteilen wie Elisa mit dem Zaubermantel des Elia, und er verspricht uns auch nicht im Nu die Lösung unserer ökologischen und anderen Probleme. Aber er ist dabei und in ihm ist Gott selbst dabei, wenn wir uns mit Geduld und Vernunft um das bemühen, was uns aufgegeben ist. Und in aller gebotenen Nüchternheit sollten wir uns dafür offen halten, daß dann auch unter uns Wunder geschehen konnten – Wunder des Glaubens und der Liebe und der Hoffnung.

Amen.

Ein Weg zum Glauben

Predigt über 2. Könige 5,1–19a am 26. April 1981 (Quasimodogeniti) in der Universitätskirche St. Nikolai in Göttingen

Naëman, der Feldhauptmann des Königs von Aram, war ein trefflicher Mann vor seinem Herrn und wert gehalten; denn durch ihn gab der Herr den Aramäern Sieg. Und er war ein gewaltiger Mann, jedoch aussätzig. Aber die Kriegsleute der Aramäer waren ausgezogen und hatten ein junges Mädchen weggeführt aus dem Lande Israel; die war im Dienst der Frau Naëmans. Die sprach zu ihrer Herrin: Ach, daß mein Herr wäre bei dem Propheten in Samaria! Der könnte ihn von seinem Aussatz befreien. Da ging Naëman hinein zu seinem Herrn und sagte es ihm an und sprach: So und so hat das Mädchen aus dem Lande Israel geredet. Der König von Aram sprach: So zieh hin, ich will dem König von Israel einen Brief schreiben. Und er zog hin und nahm mit sich zehn Zentner Silber und sechstausend Goldgulden und zehn Feierkleider und brachte den Brief dem König von Israel; der lautete: Wenn dieser Brief zu dir kommt, siehe, so wisse, ich habe meinen Knecht Naëman zu dir gesandt, damit du ihn von seinem Aussatz befreist. Und als der König von Israel den Brief las, zerriß er seine Kleider und sprach: Bin ich denn Gott, daß ich töten und lebendig machen könnte, daß er zu mir schickt, ich solle den Mann von seinem Aussatz befreien? Merkt und seht, wie er Streit mit mir sucht!

Als Elisa, der Mann Gottes, hörte, daß der König von Israel seine Kleider zerrissen hatte, sandte er zu ihm und ließ ihm sagen: Warum hast du deine Kleider zerrissen? Laß ihn zu mir kommen, damit er innewerde, daß ein Prophet in Israel ist. So kam Naëman mit Rossen und Wagen und hielt vor der Tür am Hause Elisas. Da sandte Elisa einen Boten zu ihm und ließ ihm sagen: Geh hin und wasche dich siebenmal im Jordan, so wird dir dein Fleisch wieder heil und du wirst rein werden. Da wurde Naëman zornig und zog weg und sprach: Ich meinte, er selbst sollte zu mir herauskommen und hertreten und den Namen des Herrn, seines Gottes, anrufen und seine Hand hin zum Heiligtum erheben und mich so von dem Aussatz befreien. Sind nicht die Flüsse von Damaskus, Abana und Parpar, besser als alle Wasser in Israel, so daß ich mich in ihnen waschen und rein werden könnte? Und er wandte sich und zog weg im Zorn. Da machten sich seine Diener an ihn heran, redeten mit ihm und sprachen: Lieber Vater, wenn dir der Prophet etwas Großes geboten hätte, hättest du es nicht getan? Wieviel mehr, wenn er zu dir sagt: Wasche dich, so wirst du rein! Da stieg er ab und tauchte unter im Jordan siebenmal, wie der Mann Gottes geboten hatte. Und sein Fleisch wurde wieder heil wie das Fleisch eines jungen Knaben, und er wurde rein. Und er kehrte zurück zu dem Mann Gottes mit allen seinen Leuten. Und als er hinkam, trat er vor ihn und sprach: Siehe, nun weiß ich, daß kein Gott ist in allen Landen, außer in Israel; so nimm nun eine Segensgabe von deinem Knecht. Elisa aber sprach: So wahr der Herr lebt, vor dem ich stehe: ich nehme es nicht. Und er nötigte ihn, daß er es nehme; aber er wollte nicht. Da sprach Naëman: Wenn nicht, so könnte doch deinem Knecht gegeben werden von dieser Erde eine Last, soviel zwei Maultiere tragen! Denn dein Knecht will nicht mehr andern Göttern opfern und Brandopfer darbringen, sondern allein dem Herrn. Nur darin wolle der Herr deinem Knecht gnädig sein: wenn mein König in den Tempel Rimmons geht, um dort anzubeten, und er sich auf meinen Arm lehnt und ich auch anbete im Tempel Rimmons, dann möge der Herr deinem Knecht vergeben. Er sprach zu ihm: Zieh hin mit Frieden!

Liebe Gemeinde!
„Wege zum Glauben" heißt unsere Predigtreihe in diesem Semester. Von einem Weg ist in unserem heutigen Text ja nun ganz bestimmt die Rede, einem Weg viel länger als ein Osterspaziergang, einem Karawanenweg von einer Hauptstadt zu einer anderen, mehr als 100 Kilometer. Und es ist

auch eine kleine Karawane, die ihn zieht. Sie zieht ihn um des einen Mannes willen, des Naëman, der am Ende dieses Weges, am Ende dieser Geschichte glaubt. In der Tat: ein Weg zum Glauben.

In diesem Mann Naëman sind große Macht und tiefes Elend beisammen. Er ist der oberste Befehlshaber des aramäischen, d. h. des syrischen Heeres, und er hat dieses Amt mit Erfolg geführt: *durch ihn gab der Herr den Aramäern Sieg.* Der Herr: im Hebräischen steht Jahwe. Also der Gott Israels, des Landes, das Naëman womöglich schon einmal oder mehrere Male besiegt hat! Naëman kennt diesen Gott nicht, noch nicht, aber er ist schon sein Werkzeug gewesen. Diesen Gott nicht kennen heißt nicht außerhalb seines Machtbereichs leben und nicht sogar in seinem Dienst stehen, wirken, was er gewirkt haben will. Dieser Gott hat einen langen Arm. Naëman wird ihn erkennen.

Aber Naëman steht nicht nur im Licht, er steht auch im Schatten. Er ist ein Potentat und hat großen Erfolg gehabt. Aber er ist auch schrecklich krank, ohne Aussicht auf Heilung, stattdessen vielleicht mit der Aussicht, aus der normalen menschlichen Gesellschaft ausgestoßen zu werden, womöglich ein Todeskandidat.

Und da ist nun wieder ein Werkzeug des Gottes Israels – ihn auf den Weg zu bringen, an dessen Ende er gesund sein und an diesen Gott glauben wird. Unser Text macht hier gar keine frommen Sprüche, sagt nichts von Werkzeug, sondern erzählt einfach von der kleinen Gastarbeiterin aus Israel, einer Kriegsgefangenen, die im Haushalt des Potentaten dient. Ihr tut der große Herr leid, und ihr fällt der Prophet in der Hauptstadt Israels, in Samaria ein; der könnte ihn retten. Die Unterhaltung mit Naëmans Frau in der Küche oder im Bad löst eine richtige Staatsaktion aus. Der König von Aram schickt den Naëman zum König von Israel, damit der ihn heilt.

Aber der Karawanenzug sieht zunächst keineswegs so aus, als sollte er ein Weg zum Glauben werden. Denn der König von Israel, als er den Brief des Königs von Aram liest, bekommt einen Wutanfall: was mutet der mir zu, was traut er mir zu, mir oder meinen Hofärzten und Zauberern? Das liegt nun doch nicht in der Zuständigkeit und den Möglichkeiten des Staates! Sollten sich Könige für gottgleich halten, der israelitische tut es nicht: er kann nicht töten und lebendig machen. Der Kollege in Damaskus scheint es auf eine Provokation abgesehen zu haben, er sucht Streit, vielleicht Krieg.

Bevor es zu so etwas kommt, meldet sich Elisa, der Mann Gottes und klärt das Mißverständnis auf: Naëman soll zu ihm kommen, *damit er innewerde, daß ein Prophet in Israel ist.* Er sagt nicht: „damit er geheilt werde" – das Geschehen ist sogleich transparent auf diesem Hintergrund, auf dieses Ziel: daß Naëmans Weg der Weg zum Glauben ist.

Die kleine Karawane bewegt sich also durch die Straßen von Samaria vor das Haus des Propheten. Und was hier geschieht, scheint nun wirklich eine Provokation zu sein. Der Prophet läßt den hohen Herrn draußen stehen, zeigt sich überhaupt nicht und schickt nur einen Boten, der kurz und bündig die Anweisung gibt: siebenmal waschen im Jordan! Da wird Naëman so zornig wie vorhin der König von Israel, und auch er sagt pathetische Worte: *Ich meinte, er selbst sollte zu mir herauskommen und hertreten und den Namen des Herrn, seines Gottes, anrufen und seine Hand hin zum Heiligtum erheben und mich so von dem Aussatz befreien.* Also die große symbolische Geste, eine magisch-rituelle Handlung, ausgeführt vom Propheten selbst, dem Vertreter des Göttlichen auf Erden. Stattdessen dieses Banale: siebenmal in den Jordan, der ja kein allzu eindrucksvolles Gewässer ist – wie wenn man einen Menschen, der auf sich hält, in die Leine oder gar in den Leinekanal schikken würde. Wieviel prächtiger sind die Flüsse von Damaskus, wieviel besser ihr Wasser! Die Erwartung, modisch gesagt die „Perspektive" des Naëman ist in keiner Weise getroffen: *Ich meinte* – aber so ist es nun nicht. Also bläst er zum Aufbruch und verfehlt damit um ein Haar seine Rettung.

Ich meinte: das ist immer wieder ein Hindernis auf unseren Wegen zum Glauben. Was meinen wir nicht alles von der höchsten und maßgebenden, auch helfenden und heilenden Wahrheit, was meinen wir nicht alles von Gott! Er ist entweder im Himmel oder auf der Erde; er ist in der Höhe oder in der Tiefe; er ist in allem oder getrennt von allem; er ist in jedem oder diesem und jenem Mitmenschen; er ist rechts oder links; er ist immer zuerst bei den Juden oder gerade bei ihnen nicht; er ist nur in seiner Kirche zu finden, oder aber: er mag überall zu finden sein, aber keinesfalls in der Kirche, wenigstens soweit sie Bischöfe und Landeskirchenämter hat. Überhaupt: wo er nicht ist, das scheint uns oft ganz klar: bei denen und denen und denen, da oben oder da unten oder da hinten oder gleich nebenan, da ist er nicht, da brauchen wir nicht mit ihm zu rechnen, da können wir zum schnellen Aufbruch blasen.

So haben wir unsere Meinungen, wie Naëman seine Meinung hatte, und drohen damit unseren Weg zu verfehlen, wie er ihn zu verfehlen drohte, drohen das noch viel Wichtigere zu überhören, das inzwischen, wiederum am Jordan, zu uns gesagt wurde. Über einen, der dort auch ins Wasser gestiegen war, aber nun „damit er alle Gerechtigkeit erfüllte", wurde der Satz gesprochen: „Dies ist mein lieber Sohn, an dem ich Wohlgefallen habe." Dieser Satz ist der Kompaß bei unseren Wegen zum Glauben und im Glauben. Er korrigiert – und oft: er zerstört – unsere vorgefaßten Meinungen, aber er schlägt uns nicht nieder, lähmt auch unseren Verstand nicht, verschließt uns nicht den Mund. Vielmehr fordert er uns auf, von ihm her, in seinem Licht unsere Umgebung, unsere Welt, gleich wie sie uns sonst auch erscheinen mag, neu zu sehen, zu begehen und zu behandeln, als die Welt dieses einen Sohnes, der alle Gerechtigkeit erfüllt hat und an dem der Vater Wohlgefallen hat.

Naëman weiß das noch nicht. Aber auch für ihn steht nicht ganz wenig auf dem Spiel. Für seine Person hat er nichts zu verlieren, vielleicht alles zu gewinnen. Und so läßt er sich, wie anfangs von der jungen Gastarbeiterin, so jetzt von seinen Dienern, handfesten und vernünftigen Leuten, einen Rat geben, nämlich den: es doch trotz allem mit dem zu versuchen, was der komische Prophet gesagt hat. Sie gehen dabei nicht ohne Pfiffigkeit auf die Logik ihres Herrn ein und drehen sie um: wenn der Prophet etwas Großes geboten hätte, hätte Naëman es ja getan – um wieviel mehr nun, wo es eine solche Kleinigkeit ist! Die Forderung des Gottes, dem dieser Prophet dient, ist nicht schwer zu erfüllen. Was da zu tun ist, ist eine Kleinigkeit gegenüber der Gabe, die dieser Gott verspricht, ja es ist eigentlich nur die Annahme dieser Gabe, das Geschehenlassen dessen, was da an dem armen, hilflosen Menschen gewirkt wird. Liegt etwas näher, als sich darauf einzulassen?

Naëman läßt sich darauf ein. In ganz einfachen Worten erzählt unser Text, wie er tut, was der Mann Gottes gesagt hat, und wie er sogleich geheilt ist; sein von der Krankheit zerfressenes Fleisch ist wieder *wie das Fleisch eines jungen Knaben*, er ist *rein*. Und er sieht den Vorgang sofort in der Transparenz, den er von Anfang an gehabt hat, kehrt zu Elisa nach Samaria zurück und bekennt sich zu dessen Gott: ich weiß, daß es keinen anderen gibt. Vorher, da *meinte* er, jetzt weiß er. Der Weg hat zum Ziel geführt, das neue Wissen wird alle Wege bestimmen, die er nun noch gehen wird. Was er in Zukunft *meinen* wird, wird er an diesem Wissen ausrichten, vor ihm verantworten. Er wird Gott suchen, wo er zu finden ist, nicht dort, wo seine Vorurteile ihn haben wollen.

Für die große Gabe, die er bekommen hat, will Naëman sich nun auch erkenntlich zeigen. Der Prophet soll seinerseits eine kleine Gabe von ihm nehmen. Aber Elisa weigert sich in kaum zu überbietender Entschiedenheit, mit einem Schwur beim Leben des Gottes, in dessen Dienst er steht. Die Gabe, die Naëman bekommen hat, wird nicht folgenlos bleiben, sie wird ihn sehr verändern, er wird vieles tun, was er bisher nicht getan hat, und vieles nicht tun, was er bisher getan hat – aber das wird alles keine Gegenleistung sein für die Gabe, die er bekommen hat. Sie ist gratis, es gäbe ja auch nichts, womit man sie aufwiegen könnte. Damit hier kein Mißverständnis möglich ist, bekommt auch der Mann, der sie vermittelt hat, kein Honorar.

Niemand von uns kommt zum Glauben ohne menschliche Vermittlung, und das ist immer ein Anlaß zu großer und bleibender Dankbarkeit gegen diese Menschen. Aber wehe, wenn wir ihren Glauben, den Glauben dieser Vermittler, ja sogar an sie, statt vielleicht immer wieder in ihrer Schule und wie sie, aber doch unseren eigenen Glauben glauben. Elisa ist darin ein echter Prophet, daß er nicht zwischen Naëman und seinem Gott stehenbleibt. Der echte Prophet macht sich selbst überflüssig, er tritt beiseite, wenn er seinen Auftrag erfüllt hat, er zeigt von sich weg anderswohin, auf einen anderen, so wie es wiederum am Jordan Johannes der Täufer mit den Worten tat: „Siehe, das ist Gottes Lamm, welches der Welt Sünde trägt." Gegenüber Propheten, die es anders halten, ist, gelinde gesagt, Vorsicht geboten. Wir sehnen uns ja nach Propheten, und manchmal wäre es vielleicht auch wirklich gut, wir hätten sie. Aber wenn die Trümmerhaufen an unseren Wegen nicht stumm bleiben, sondern uns etwas zu sagen haben, dann ist es doch sehr oft dies: besser keine Propheten als falsche. Wachsamkeit an dieser Stelle kann lebenswichtig sein. Gerade in der Umgebung und scheinbaren Nachfolge der echten Prophetie droht viel Gefahr und Verfehlung. Unser Predigttext setzt sich fort mit dem Auftritt von Elisas Diener Gehasi, der hinter dem Rücken seines Herrn von Naëman Geld erschleicht und den dann Naëmans Krankheit befällt – ihn und seine Nachkommen für alle Zeit, wie das schreckliche Ende des ganzen Kapitels heißt.

Und nun der geheilte, glaubende Naëman! Er geht zurück in seine Welt, aus Samaria nach Damaskus, dorthin wo man nicht glaubt und wo er also in dieser wichtigen Sache von jetzt an ein Außenseiter sein wird. Wie soll er sich dort verhalten? Er bittet den Propheten um zweierlei.

Einmal. Es ist ihm selbstverständlich, daß er nur noch dem Gott opfern kann, der ihn gerettet hat. Aber wie wird das möglich sein in einer Umgebung, die ohne diesen Gott auskommt, ja ihn überhaupt nicht kennt? Es gibt, so hört man heute oft, so etwas wie einen Gottesdienst im Alltag der Welt oder gar ein religionsloses Christentum. Das sind Formeln, bei denen sich die, von denen sie stammen, zweifellos etwas gedacht und etwas Richtiges und Wichtiges gedacht haben, woraus sich dann freilich mancherlei machen läßt, was mit dem Glauben an den Gott des Alten und des Neuen Testaments nicht mehr sehr viel zu tun hat. Für Naëman gibt es in der Hauptsache keine Umwege, keine Indirektheiten und Abstraktionen. Das Erste und Zentrale ist für ihn die unmittelbare Beziehung zu seinem neuen Gott, ihm muß er dienen, ihn anbeten, ihm opfern. Und dafür braucht er einen Freiraum, einen Bereich, und sei er noch so klein, der nicht einfach nur ein Bestandteil der Umgebung ist, die diesen Gott nicht kennt. In dieses Reservat, diese Enklave, durch die doppelte Maultierlast israelitischer Erde in unseren Augen kurios genug hergestellt, wird Naëman sich von nun an regelmäßig zurückziehen, um jenes Wichtigste zu tun.

Aber im übrigen wird sein Leben und Tun ja weiter da draußen stattfinden, wo man ihn in diesem einen Punkt nun nicht mehr verstehen und wo er es dadurch bestimmt nicht leichter haben wird als bisher. Auch darüber macht er sich, natürlich, Gedanken, als er vor dem Propheten steht. Was er sich dabei vorstellt und wofür er in seiner zweiten Bitte die Erlaubnis haben möchte, das ist in einer Bekehrungsgeschichte – um eine solche handelt es sich ja – überraschend. Kein Wort in dieser feierlichen – und verführerischen – Stunde von kräftigem Bekenntnis, Eintreten für den neuen Glauben, Zeugnisgeben und Mission. Stattdessen die nüchterne und etwas kleinlaute Einsicht: ich werde kaum umhin können, als hoher Beamter weiter am Staatskult des aramäischen Reiches teilzunehmen. Und dafür bittet er von vornherein um die Vergebung seines Gottes.

Was wird Elisa darauf antworten? Wir erwarten vielleicht: unter gar keinen Umständen solche Kompromisse, sondern heraus aus den bisherigen Bindungen, hinein in eine Existenz außerhalb der normalen Verhältnisse und „Strukturen", in den Protest gegen sie, in das Schwimmen gegen den Strom. Aber obwohl er ein Prophet ist und noch dazu ein alttestamentlicher, gibt Elisa keineswegs eine solche Anweisung. Vielmehr entläßt er den Naëman mit den Worten: *Zieh hin mit Frieden!* Und das soll doch wohl heißen: tu das, was dir als das Richtige und Mögliche erscheint, was in deinen Kräften steht und was du vor dem Gott, den du erkannt hast, verantworten kannst. Dann wird er dich begleiten und dich segnen, dann wirst du in seinem Frieden leben. Mit einem Wort: Elisa entläßt Naëman in die Freiheit, eine voraussichtlich alles andere als einfache Freiheit, eine Freiheit mit Konflikten, eine Freiheit zu beidem: zur Entschiedenheit und zum Kompromiß, zum Ja und zum Nein je an ihrem Ort. Naëman, der glaubende Mensch, wird das zu entscheiden wissen, darauf vertraut Elisa, in diesem Vertrauen entläßt er ihn, ohne ihm irgendwelche Vorschriften zu machen, ohne sein Gewissen zu belasten oder gar zu vergewaltigen.

Und Naëman geht den Weg, der ihn zum Glauben geführt hat, zurück in seine Welt, in der er jetzt ein halb Fremder ist, die aber doch seine Welt bleibt. Und er wird diesen Weg im Kleinen immer wieder gehen, wenn er das Plätzchen mit der doppelten Maultierlast israelitischer Erde verläßt. Längst nicht jeder von uns ist einmal so oder ähnlich bekehrt worden wie Naëman und kennt aus eigener Erfahrung dessen großen Weg. Aber dieser sein kleiner Weg ist uns allen vielfach vertraut, und sei es ganz banal und eher symbolisch als der Weg durch die Tür dieser Universitätskirche hinaus in die Stadt Göttingen mit allen ihren Problemen und dann in unsere Wohnungen und morgen in unsere Hörsäle, Übungsräume, Laboratorien und Sitzungszimmer. Gehen wir diesen Weg und alle unsere Wege in Freiheit, in verantworteter Freiheit! Dann werden es trotz allem Wege *mit Frieden* sein.

Amen.

Mein Stecken und Stab

Predigt über Psalm 23 am 9. April 1967 (Misericordias Domini) in der Universitätskirche in Münster

Der Herr ist mein Hirte,
mir wird nichts mangeln.
Er weidet mich auf einer grünen Aue
und führet mich zum frischen Wasser.
Er erquicket meine Seele.
Er führet mich auf rechter Straße um seines Namens willen.
Und ob ich schon wanderte im finstern Tal,
fürchte ich kein Unglück;
denn du bist bei mir,
dein Stecken und Stab trösten mich.
Du bereitest vor mir einen Tisch
im Angesicht meiner Feinde.
Du salbest mein Haupt mit Öl
und schenkest mir voll ein.
Gutes und Barmherzigkeit werden mir folgen mein Leben lang,
und ich werde bleiben im Hause des Herrn immerdar.

Liebe Gemeinde!
Dieser Psalm sagt in schönen Bildern etwas sehr Einfaches: Gott ist bei uns, darum haben wir es gut und brauchen uns nicht zu fürchten. Das kann jedes Kind verstehen, und wir haben den Psalm ja auch als Kinder gelernt und seitdem nicht vergessen. Und doch ist der Psalm nicht einfach kindlich. Man hat gesagt, hier spreche nicht kindliche Naivität, sondern ein erfahrener Mann in der Weisheit des Alters. Aber auch das ist, so richtig es sein mag, nicht alles und noch nicht einmal das Wesentliche. Normalerweise sieht die Summe der Erfahrungen eines Lebens nicht so aus wie unser Psalm. Oft genug zieht das Alter keine Summe, will oder kann es nicht, und wo es sie

doch zieht, da heißt sie und also die Weisheit des erfahrenen Mannes sogar in der Bibel viel eher: „Es ist alles eitel und Haschen nach Wind.“ Und gerade das Alter kennt die Angst, die Angst vor der Vergangenheit und die Angst vor der Zukunft. Gewiß begegnen wir daneben beglückend oft dem dankbaren Wissen, nicht umsonst gelebt und viel Gutes erfahren zu haben. Aber unser Psalm gibt auch nicht einfach eine solche positive Lebenserfahrung und ihren Optimismus wieder. Was er sagt, entdeckt niemand so ohne weiteres in seiner Biographie, das erfährt er nicht, wie er alles Übrige erfährt. Der Hirte und Gastgeber, von dem hier die Rede ist, ist unserer Lebenserfahrung zunächst ganz fern, kommt nicht in ihr vor und scheint ihr durchaus entbehrlich. So einfach der 23. Psalm erzählt und so leicht er zu verstehen ist, so fremd ist er doch in seiner wahren Dimension dem Alter nicht weniger als der Kindheit. Es ist gar nicht nötig, ihn aus pädagogischer Absicht künstlich zu verfremden, um ihn dann hinterher besser zu verstehen. Wenn wir ihn richtig lesen, dann erkennen wir von vornherein, daß sein Inhalt außerhalb unserer Möglichkeiten liegt. Er kommt von weither, weder die Kindheit noch das Alter können ihn aus sich heraus produzieren, beiden und uns allen kann er nur gesagt werden.

Und das ist gut so. Denn damit liegt die Verantwortung für das, was hier zu lesen ist, nicht bei uns. Die Wahrheit des 23. Psalms steht und fällt nicht mit unseren guten Erfahrungen, unserer Stärke, unserem Lebensmut, unserem Optimismus. Dann wäre es kaum gut um sie bestellt. Nein, Gott ist ihr Bürge, er garantiert diese Wahrheit, er steht für sie ein. Damit ist sie uns sicher, wir können sie nicht verderben und nicht verlieren, wir brauchen sie nur anzunehmen, anzunehmen nun allerdings wie die Kinder – oder wie die ganz Alten –, als ein Geschenk, für das wir uns nicht angemessen revanchieren, für das wir nur Dank sagen können, und so nun auch als etwas sehr Einfaches. Diese Einfachheit liegt nicht an uns und kommt nicht von uns, und gerade dadurch ist sie möglich und wirklich. So erwachsen wir sein mögen, der 23. Psalm – und er steht damit nicht allein, vielmehr ist es in der Bibel oft so – redet uns an wie die Kinder und als die Kinder, aber das mit einem Ernst, der uns, zu unserem Heil, die Flucht in die Unverbindlichkeit abschneidet, und nebenbei auch das Abgleiten ins Harmlose, in die Idylle und zuletzt den Kitsch, der in tiefem Mißverständnis leicht in der Nähe des Bildes von Hirte und Schaf lauert.

Der Herr ist mein Hirte. Ich bitte Sie – das, und eigentlich nur das, ist mein Amt heute morgen –, sich diesen Satz, den zuerst irgendein Israelit vor zweieinhalbtausend Jahren gesprochen hat, zu eigen zu machen, ein jeder, so gut er nur irgend kann. Dieser Satz will, daß Sie ihn in- und auswendig wissen, er beansprucht, Ihr wichtigster Besitz zu sein, Orientierungspunkt, Halt und Trost. Und das alles, indem er zunächst ein Bekenntnis ist.

Ich habe, so sagt und bekennt, wer sich diese Worte zu eigen macht, einen Hirten. Ich gehöre nicht zu denen, die ausziehen, eine Schlacht zu schlagen, von denen aber der Prophet sagen muß: „Ich sehe ganz Israel zerstreut auf den Bergen wie Schafe, die keinen Hirten haben", und die Gott nach Hause schickt: „Diese haben keinen Herrn; ein jeder kehre wieder heim mit Frieden." Nein, ich habe einen Hirten, einen Herrn. Ich muß nicht nach Hause geschickt werden, weil ich nicht zu gebrauchen bin. Ich vagabundiere nicht umher, ich weiß, wohin ich gehöre, daß ich etwas zu tun habe und was ich zu tun habe und daß etwas für mich getan wird. Ich brauche nicht zu suchen, ich habe gefunden. Ich weiß, wonach ich mich richten muß, genauer: nach wem ich mich richten muß – und darf.

Der Herr ist mein Hirte. Er, niemand und nichts sonst, oder wenn jemand und etwas sonst, dann auf einer ganz anderen Ebene. Der Vater, der Freund, der Ehegatte, der Lehrer, gerade auch der geistliche Lehrer, sie dürfen nicht so meine Hirten werden, wie dieser eine es ist. Sie können es nicht, und darum dürfen sie es auch nicht. Sie und andere und anderes mögen mir unentbehrlich sein, sie sind aber vom Übel, wenn sie mir, wie auch immer das geschehen mag, den einen Hirten ersetzen wollen oder sollen. Sie mögen mich auf vielerlei Weise führen und für mich sorgen – vielleicht läßt es sich manchmal mit ganz ähnlichen Worten umschreiben wie denen unseres Psalms –, sein Führen und Sorgen ist das aber nicht. Er mag sich ihres

Führens und Sorgens bedienen und tut es gewiß, und ich darf sein Führen und Sorgen dankbar aus ihrer Hand nehmen und das ihre aus der seinen, aber sie sind nicht er. Sie sind ja nicht meine Götter – wehe mir, wenn sie es werden! Nein, zuerst und vor allem, in, aber auch hinter und vor und über allen Menschen ist er und er allein mein Hirte. Darum gibt es für mich sicheres, durch nichts, nicht einmal durch den Tod zerstörbares Geleit.

Wie unser Psalm dieses Geleit, das göttliche Führen und Sorgen beschreibt, in den Bildern des zuverlässigen Hirten und des generösen Gastgebers, das ist unvergleichlich. Die Bilder sollen hier nicht wiederum beschrieben oder analysiert oder weiter ausgeführt werden. Ihnen geschähe damit fast ein Unrecht, sie sind zu schön dazu. Ich kann Sie, und mich natürlich auch, nur aufrufen und ermuntern, nicht nur die Eingangsworte des Psalms, sondern auch die Bilder, die ihnen folgen, ganz und gar zum inneren Besitz zu machen und diesen Besitz immer wieder zu erneuern und zu befestigen.

Nichts ist leichter als das, aber auch nichts ist schwerer als das. Es erfordert die Einfalt und den Mut des Glaubens, ja es ist der Glaube selbst. Der Glaube ist etwas ganz Einfaches, Unproblematisches, Selbstverständliches, das, wie unseren Psalm, jedes Kind verstehen kann; sogenannte alte und sogenannte neue Theologie verdunkeln das niemals, wenn sie wirklich Theologie sind. Aber der Glaube ist gleichzeitig unendlich schwer und auch von der intelligentesten und modernsten Theologie im Entscheidenden nicht leichter zu machen. Wir drohen immer wieder zu scheitern, wenn wir die Aussage von Gottes Führen und Sorgen mit dem in Übereinstimmung bringen wollen, was wir sehen. Darüber brauche ich hier wohl nicht viel zu sagen, wir wissen das alle und es quält uns alle in irgendeiner Weise, wenn wir es ernst mit unserem Glauben meinen; denn wenn wir das tun, nehmen wir ihn ja nicht als ein Ding für sich, sondern beziehen ihn auf alles, was in uns und um uns ist. Und dann ist das Ergebnis oft der Zweifel, ja die Not, ja auch die Verzweiflung.

Um dem zu begegnen, ist es gut, sich den Vers unseres Psalms vor Augen zu halten: *Und ob ich schon wanderte im fin-*

stern Tal, fürchte ich kein Unglück; denn du bist bei mir, dein Stecken und Stab trösten mich. Hier wird nicht geleugnet, daß es die Unglücke und das Unglück gibt. Die Realität um uns herum wird dem Glauben nicht um den Preis einer Lüge konform gemacht. Wir sind und bleiben hier in dieser Welt, wo es die Unglücke und das Unglück gibt, und wir werden davon nicht verschont. Aber wir brauchen kein Unglück zu fürchten, denn, und hier fällt der Psalmist in die Anrede: *du bist bei mir.* Wir haben es gut, wenn im Unglück Menschen bei uns sind. Wir haben es aber vor allem und über alles gut, wenn, mit oder ohne Menschen, Er bei uns ist und uns tröstet mit seinem Stekken und Stab. Es ist nicht möglich und auch nicht nötig, dieses göttliche Trösten in eine Formel zu fassen. Wir können und sollen nur – wenn das ein „nur" ist! – mit Bestimmtheit erwarten und uns durch nichts von dieser bestimmten Erwartung abbringen lassen, daß es da ist, wenn wir es brauchen. Gottes Trösten hat, davon zeugt die Bibel in vielen Variationen, seine eigene, oft sehr unauffällige Phantasie, und ihr sollen wir nicht vorgreifen. Es kann sogar darin bestehen, daß uns der Trost, den wir wollen, verweigert wird. Immer aber macht Gott uns Mut, Mut weiterzugehen, nicht aus Angst und nicht aus Prinzip im finstern Tal zu bleiben – manche Leute haben ein solches Prinzip, aber das biblische Tragen des Kreuzes ist nicht dasselbe wie eine Affinität zu finsteren Tälern –, sondern uns auch an den gedeckten Tisch führen zu lassen, Mut aber auch, ihn vielleicht gerade dann, wenn uns dort am wohlsten ist, wieder zu verlassen und weiterzugehen, dorthin, wo er, unser Hirte, uns führt. Er geht uns voran, und er sorgt dafür, daß uns *Gutes und Barmherzigkeit* auf dem Fuße *folgen*, jetzt und immer. Er zeigt das Ziel, auf das wir uns täglich hinbewegen, an dem wir aber auch täglich schon sind: das *Haus des Herrn*, in dem wir *immerdar* sind und *bleiben* werden.

Der 23. Psalm steht im Alten Testament. Es wird manchmal aufgezählt, wieviel von der christlichen Wahrheit im Alten Testament noch nicht enthalten ist. Man kann und muß aber auch und vor allem sagen: wie erstaunlich und wunderbar, was in ihm schon steht; erstaunlich und wunderbar, weil es das Entscheidende, die Nähe Gottes in Jesus Christus, noch nicht kennt und kennen kann. Wieviel leichter haben wir es als der Psalmist! Jesus Christus hat sich, wir hörten es vorhin als Evangelium dieses Sonntags, den guten Hirten genannt, und er hat als der gute Hirte gehandelt bis zu einer Konsequenz, die in unserem Psalm nicht auftaucht: „Der gute Hirte läßt sein Leben für die Schafe." Gottes Führen und Sorgen und Trösten ist für uns in diesem Hirten, Jesus Christus, Vergangenheit, Gegenwart und Zukunft. Dieser eine geht uns sichtbar – sichtbar für das Auge des Glaubens – voran, er führt uns auf rechter Straße um seines Namens willen – des Namens, der über alle Namen ist –, er tröstet uns im finstern Tal mit seinem Stecken und Stab, er lädt uns an seinen Tisch. Wir haben nur – wieder: was ist das für ein „nur"! – auf ihn zu blicken, uns an ihm zu orientieren, hinter ihm herzugehen, uns von ihm trösten zu lassen, uns an seinen Tisch zu setzen. Das ist dann die Wirklichkeit des 23. Psalms.

Liebe Gemeinde, von dieser Wirklichkeit wäre noch viel, sehr viel zu sagen, aber ich möchte es mit Bedacht nicht tun. Ein Text wie der unsere ist unerschöpflich, und diese Predigt hat, auch wenn es hoch kommt, nur ganz von ferne und ganz unvollkommen auf ihn hinzeigen können. Aber ein Mehr an Worten über diesen Text könnte jetzt allzuleicht ein Weniger sein, könnte allzu peinlich nur die Armut und die Ohnmacht unserer Rede angesichts dieses Gegenstandes zum Bewußtsein bringen, statt ihn aufzuschließen. So wiederhole ich nur noch einmal den Aufruf und die Ermunterung an Sie und an mich, daß wir uns alle, nun die Gestalt Jesu Christi unverrückbar vor Augen, in kindlicher Einfalt diesen Psalm ein jeder als seinen eigenen Psalm vorsprechen möchten, heute, morgen, diese ganze Woche, unser Leben lang, damit wir ein jeder seine Wirklichkeit an uns selber entdecken, indem wir, komme was wolle, mit ihm unseren Weg gehen: geleitet, erquickt, getröstet und darum voller Mut.

Amen.

Darum fürchten wir uns nicht

Predigt über Psalm 46 am 31. Dezember 1981 (Altjahrsabend) in der Universitätskirche St. Nikolai in Göttingen

Ein Lied der Söhne Korach, vorzusingen, nach der Weise „Jungfrauen".
Gott ist unsre Zuversicht und Stärke,
eine Hilfe in den großen Nöten, die uns getroffen haben.
Darum fürchten wir uns nicht, wenngleich die Welt unterginge
und die Berge mitten ins Meer sänken,
wenngleich das Meer wütete und wallte
und von seinem Ungestüm die Berge einfielen.
Dennoch soll die Stadt Gottes fein lustig bleiben
mit ihren Brünnlein, da die heiligen Wohnungen des Höchsten sind.
Gott ist bei ihr drinnen, darum wird sie fest bleiben;
Gott hilft ihr früh am Morgen.
Die Heiden müssen verzagen und die Königreiche fallen,
das Erdreich muß vergehen, wenn er sich hören läßt.
Der Herr Zebaoth ist mit uns,
der Gott Jakobs ist unser Schutz.
Kommt her und schauet die Werke des Herrn,
der auf Erden solch ein Zerstören anrichtet,
der den Kriegen steuert in aller Welt,
der Bogen zerbricht, Spieße zerschlägt
und Wagen mit Feuer verbrennt.
Seid stille und erkennet, daß ich Gott bin!
Ich will der Höchste sein unter den Heiden,
der Höchste auf Erden.
Der Herr Zebaoth ist mit uns,
der Gott Jakobs ist unser Schutz.

Liebe Gemeinde!
Das ist einer von den Texten, über die man eigentlich gar nicht predigen sollte. Zwanzig oder dreißig Minuten Kanzelrede drohen allzuleicht abzuschwächen und zu verwässern, was in diesen Worten gesagt ist. Besser wäre es wohl, wenn wir uns einfach der Gewalt dieser Worte überließen, so wie sie sind, sie auf uns wirken ließen, bis wir sie in- und auswendig wüßten, bis sie ganz unser Besitz – oder richtiger: wir ganz ihr Besitz geworden wären. Denn sie bleiben größer und stärker als wir, wir sind auf sie angewiesen, nicht sie auf uns.

Martin Luther war es gegeben, diesen Psalm in neue Worte zu fassen in dem Lied, das wir nachher auch singen werden. Man hat dieses Lied zeitweise sehr oft, sicherlich zu oft gesungen. Heute singt man es selten, und dafür gibt es Gründe. Ich brauche nur an den Schluß zu erinnern: „Nehmen sie den Leib, Gut, Ehr, Kind und Weib, laß fahren dahin ..." – das werden nicht mehr viele ganz ohne Zögern und Erschrecken mitsingen.

Aber noch wichtiger – wirklich: noch wichtiger, noch gravierender! –, was davor steht: „Er ist bei uns wohl auf dem Plan mit seinem Geist und Gaben" – können wir denn das wirklich so viel leichter singen, wissen wir das überhaupt, rechnen wir damit? Um gleich wenigstens eine halbe Antwort zu geben, die nur die Frage verschärft: wenn wir das nicht wissen, nicht damit rechnen, ja überhaupt nicht ernstlich dafür offen sind, daß Er bei uns auf dem Plan ist, dann sollten wir gleich wieder nach Hause gehen, ja dann sollten ohne Zögern alle Kirchen, soweit sie schön genug sind, in Museen verwandelt und die übrigen zugunsten von Studentenwohnungen und anderem Nötigen abgerissen werden. Dann wäre jede Dichterlesung, jedes Bach- oder auch Rockkonzert, ja jede Stunde vor dem Fernseher sinnvoller als unsere Gottesdienste. Denn daß Er auf dem Plan ist mit seinem Geist und Gaben, dies allein und sonst überhaupt nichts macht es sinnvoll, daß wir uns hier versammeln und das auch am letzten Tag des Jahres tun. Aber was heißt das: „Er auf dem Plan", und nützt es uns etwas – ist es nicht eher etwas Gefährliches und Grausames, wenn dann gleich folgen kann „Nehmen sie den Leib, laß fahren dahin"?

Nein, sagt unser Psalm, es ist etwas ganz und gar Positives, etwas durch und durch Gutes. Er sagt das in großen Bildern, die für ihn doch nicht nur Bilder sind. Eine Stadt, die Stadt Gottes, Jerusalem, und um sie herum die Welt so schlimm wie sie nur sein kann: gewaltige Naturkatastrophen, die das Gesicht der Erde verändern, ja deren Untergang bedeuten können, dazu überall feindliche Heere mit ihren bedrohlichen Waffen. Wir sind geneigt, müde zu lächeln: was wußten die damals schon? Natürlich, sie wußten vieles nicht, was wir wissen. Aber sie sahen sich keineswegs weniger gefährdet, als wir uns heute sehen. Die Welt erschien ihnen immer von den Mächten des Chaos bedroht, denen sie in der Schöpfung entrissen war, die es aber im Untergrund und an den Rändern noch gab und die sich in kürzeren oder längeren Abständen bedrohlich bemerkbar machten. Und Kriege, Waffen, Heere: in Erfahrungen damit, meist passiv und leidvoll, ließ sich das kleine Israel nicht leicht überbieten. Wenn wir auf die Proportionen sehen, werden auch wir wohl eine Weile zögern, bis wir sicher sind, daß wir davon heute so ohne weiteres mehr zu sagen haben.

Inmitten von alledem nun damals diese Stadt Gottes, die *dennoch* fein lustig bleibt, in der sie sich nicht fürchten, *wenngleich* die Welt unterginge. Dieses *Dennoch* kommt weder aus dem Mut der Verzweiflung noch aus philosophischer Gelassenheit. Es hat einen klaren Grund. *Darum fürchten wir uns nicht*, so spricht, so singt in unserem Psalm eine Mehrzahl von Menschen, nach der Überschrift die *Söhne Korah*, Leute jedenfalls, die wohl wußten, was sie meinten, und so haben es ihnen Unzählige nachgetan, bis hin zu denen, die Luthers Lied gesungen haben. Auch wenn sie es vielleicht zeitweise zu oft und zu laut gesungen haben, wäre es dumme Überheblichkeit, ihnen allen nachträglich zu bestreiten, daß sie wußten, wovon sie sangen. Sehr viele haben es sicher gewußt, und was sie wußten, galt ja nicht nur ihnen, sondern auch den anderen.

Warum haben sich diese Leute nicht gefürchtet, worauf gründet sich ihr *Darum*? Ihre Antwort: *Gott ist unsre Zuversicht und Stärke.* Und dann besonders gewichtig in dem Kehrvers: *Der Herr Zebaoth ist mit uns, der Gott Jakobs ist unser Schutz.* Das hebräische Wort, das Luther mit *Schutz* übersetzt, bedeutet einen hohen, unzugänglichen Ort, wo man sicher ist. Ähnlich das Wort für *Zuversicht.* Es meint eigentlich auch einen Ort, nämlich den, wo man sich versteckt, den Zufluchtsort. An einem solchen Ort ist Gott, nein er selbst ist dieser Ort. Wer dorthin geht, wer zu Ihm geht, ist sicher, hat Schutz. Mehr, er hat Hilfe. Man muß zu diesem Schutzort, zu dieser Burg ja nicht in die Ferne laufen, sondern *der Herr Zebaoth ist mit uns*, er ist *bei ihr drinnen*, mitten in der Stadt. In ihm besteht ihre Stärke, *darum wird sie fest bleiben.* Er *hilft ihr früh am Morgen*: wenn sie aufwacht, sieht sie es, er hat es getan, als sie noch schlief oder in Sorgen den Schlaf nicht finden konnte.

Eine Hilfe in den großen Nöten, die uns getroffen haben, so übersetzt Luther großartig, aber nicht korrekt. Richtiger muß es heißen: *eine Hilfe, sehr bewährt in Nöten.* Hier wird an eine Erfahrung appelliert, nein an viele Erfahrungen, die Israel gemacht hat. Aber diese Erfahrungen sollen nicht auf Israel beschränkt bleiben. Ohne Einschränkung heißt es: *Kommt her und schauet die Werke des Herrn.* Alle Welt soll *stille sein*, soll ablassen, Ruhe geben und *erkennen*, daß Er Gott ist, *der Höchste unter den Heiden, der Höchste auf Erden.* Woran soll alle Welt das erkennen? An großen Machttaten, am Ende weltweiter Kriege, an der Zerstörung von Waffen und Kriegswagen.

Die Nüchternheit, die man sich auch in feierlichen Stunden bewahren soll, sagt uns, daß das ein schöner Wunschtraum ist, ein Utopie. Ganze Völker lassen sich nicht auf Dauer durch große Kriegsereignisse, und sei es die Herstellung eines allgemeinen Friedens, zur Anerkennung des Höchsten bringen. Und sollte es doch im Lauf der Zeiten da und dort geschehen sein, dann war es etwas Fragwürdiges. Auch wo der sogenannte Spruch der Geschichte einmal eindeutig scheint oder sogar ist – nächstliegendes Beispiel 1945 –, braucht seine Wirkung nicht lange zu dauern. Im Handumdrehen kann der Sieg seinen Glanz und vielleicht auch seine Überzeugungskraft verlieren, tags darauf schon *früh am Morgen* erscheinen statt Gottes Hilfe neue Probleme, von denen man sich nichts hat träumen lassen und die wohl anders, aber nicht kleiner sind als die alten. Davon macht das Volk der Bibel keine Ausnahme. Die Ausleger haben Situationen gesucht, die unseren Psalm hervorgebracht haben könnten: den Abzug der Assyrer von Jerusalem oder die Unterwerfung der damaligen Welt durch Alexander den Großen, wobei Jerusalem verschont blieb, oder noch anderes. Selbst wenn etwas davon stimmte, würde es das eben Gesagte nicht aufheben. Diese Stadt Gottes, *fein lustig mit ihren Brünnlein*, wie Luther fast provokativ übersetzt, als handle es sich um Rothenburg ob der Tauber, mag es einmal als fromme Enklave in Jerusalem gegeben haben und noch geben – das wirkliche Jerusalem ist sie, wie wir alle wissen, nicht, und wir sollten nicht zu fest damit rechnen, daß sie es noch einmal werden könnte. Die gläubige Erinnerung und die gläubige Erwartung unseres Psalms sind, in all ihrer Großartigkeit, vergangen. Sie über die Zeiten hinweg am Leben erhalten zu wollen, wäre Dienst an einer Illusion.

Trotzdem, obwohl das so ist – oder mit den Worten aus Luthers Übersetzung unseres Psalms: *dennoch, wenngleich* das so ist, dieser Text lebt, er wird auch uns überleben und wir können mit ihm getrost in ein neues Jahr gehen. Warum? Weil er nicht mit der Illusion steht und fällt, die den Namen Jerusalem trägt. Hinter ihm steht etwas, was größer ist als diese großartige Illusion. *Ich will der Höchste sein unter den Heiden, der Höchste auf Erden.* Wir glauben, daß das hier Angekündigte nicht Illusion geblieben, sondern als Wirklichkeit erwiesen worden ist, in Jerusalem, nicht zufällig gerade dort, aber dann nicht mehr an Jerusalem gebunden und sehr anders, als die Sprecher unseres Psalms es sich vorgestellt haben. Dieses Gottes höchste Höhe bestand darin, daß er in die Niedrigkeit ging, in die tiefste Tiefe, in den Stall von Bethlehem und an das Kreuz von Golgatha. In dem Menschen, dessen Leben diese beiden Stationen umspannen, ist er *mit uns*, *unser Schutz*, *unsere Zuversicht und Stärke*, die *Hilfe in den großen Nöten, die uns getroffen haben.* In diesem Menschen verteidigt er nicht Jerusalem, beendet er nicht einfach Kriege, Erdbeben und Hunger, fällt er manchem furchtbaren Wahnsinn nicht in den Arm, obwohl wir glauben dürfen: „er sitzt im Regimente." Aber in diesem Menschen begleitet er jeden von uns an allen Orten und auf allen Wegen. Er hat das 1981 getan und wird es 1982 tun.

Er bietet uns keinen Zufluchtsort im Sinn eines isolierten Bezirkes, wo wir mit den großen Nöten dieser Welt nichts mehr zu tun hätten. Er nimmt uns aus diesen Nöten, obwohl wir das nur allzu gerne hätten, nicht heraus, aber in ihnen – da bleibt es bei den Worten unseres Psalms – ist er die Hilfe, *sehr bewährt.* Welcher Werkzeuge er sich dabei bedient, können wir nie im voraus wissen, und daß es überhaupt so ist, wissen wir nicht von uns aus. Es wird uns gesagt, im Evangelium, da sollen wir es uns gesagt sein lassen und gelten lassen: „Er ist bei uns wohl auf dem Plan mit seinem Geist und Gaben." Seine Gaben bekommen wir als Pfunde, um mit ihnen zu wuchern. Er will uns ja nicht passiv, nicht nur hörend und empfangend, sondern tätig, gerade in den großen Nöten und gegen sie. Aber das Wichtigste, das Entscheidende, der Grund für alles bleibt doch, was Er sagt und tut und daß wir das hören und empfangen. In unserem Psalm handelt nur er, den Menschen wird erst nachträglich geboten: *kommt! schaut! seid still!* – laßt ab! – und: *erkennt, daß ich Gott bin!* Für uns heißt das: erkennt, daß Jesus Christus Gott ist und Gott Jesus Christus. Er ist eure Zuversicht und Stärke, die Hilfe in den Nöten, die euch getroffen haben und weiter treffen werden, auch 1982. Er ist bei euch drinnen, er ist mit euch, ist euer Schutz.

Darum, so können wir nun mit noch mehr Grund sagen als die Söhne Korah, *darum fürchten wir uns nicht.* Ein hochgemuter Satz, sehr hoch gegriffen, und gerade wenn man ihn ernst nimmt – was ja bei Bibelworten nicht durchweg üblich ist –, scheinbar leicht in der Nähe von Lächerlichkeit und Peinlichkeit, wenn auch nicht so gefährlich wie vor bald hundert Jahren das durch Kürzung verfälschte Bismarck-Zitat: „Wir Deutsche fürchten Gott, aber sonst nichts auf der Welt." Heute steht nicht die Furchtlosigkeit auf der Tagesordnung, sondern ihr Gegenteil. Auf dem Hamburger Kirchentag im letzten Sommer wurde die Losung „Fürchte dich nicht" gern umgedreht in „Fürchtet euch", und der Bundeskanzler mußte sich dort als gesprächsfähig mit der ausdrücklichen Erklärung legitimieren, auch er habe Angst. Sicher, wir haben wohl alle in irgendeinem Ausmaß, jeder nach seinen Anlagen und seiner Einsicht, Angst, Furcht und Sorge – die ja untereinander nicht gleich sind –, können sie niemals ganz überspielen, verdrängen, entkräften, sollen sie auch, wo es uns gelingt, produktiv zum Guten sein lassen. Zum Guten – das heißt weg von ihnen selbst, sich selbst überflüssig machend, aufhebend, denn etwas Gutes sind Angst, Furcht und Sorge nicht, nichts, was man kultivieren und worauf man stolz sein darf. Es gibt manches, was sich gegen sie tun läßt, und das sollen wir unter allen Umständen auch tun. Aber entscheidend ist, daß wir davor und dabei immer wieder die Worte unseres Psalms mitsprechen können: *Darum fürchten wir uns nicht*: darum, weil Er unsere Zuversicht und Stärke ist, Er, der Herr Zebaoth – und der „heißt Jesus Christ".

Luther dichtete und komponierte sein Lied, so wird meist vermutet, als wirklich große Nöte ihn und seine Umgebung getroffen hatten. Vor allem aber, und das ist sicher, stand er damals wie zeitlebens in einer ihm eindeutig klaren Front. Es gab für ihn ein Drinnen und Draußen, ein Richtig und Falsch, Wahrheit und Lüge. Er hatte den „alt bösen Feind" fest im Visier. So klar ist das – soll ich sagen: leider, oder soll ich sagen: hoffentlich – bei den meisten von uns nicht. Die Welt sieht komplizierter aus als je, der Blick zurück und der Blick nach vorn zeigen Probleme über Probleme, bei denen nur sträfliche Einfalt immer das Gute und das Böse weiß und deren Lösung man nur mit Geduld und Vorsicht näherkommt – und gerade darin nicht weniger mit der Furchtlosigkeit, die ihr *Darum* weiß und von ihm lebt. Um uns dies einzuüben, buchstabieren wir unseren Psalm und singen Luthers Lied und lassen uns von ihren Worten auch dort tragen, wo sie uns arg hoch und fremd vorkommen. Wir wissen ja, daß Gottes Höhe seine Niedrigkeit ist, in der er uns ganz nahe kommt und die Fremdheit zwischen ihm und uns aufhebt. Die *heiligen Wohnungen des Höchsten* sind hier bei uns. Darum mehr als aus irgendeinem anderen Grund und mit einem *Dennoch*, das wirklich alles Widrige treffen möchte, können wir auch im neuen Jahr *fein lustig* sein.

Amen.

Vom Umgang mit der Bibel

Predigt über Psalm 119,105 am 17. Juni 1973 (Trinitatis) in der Universitätskirche St. Nikolai in Göttingen

Liebe Universitätsgemeinde!
Die Predigten in unserer Kirche handeln in diesem Sommersemester von der Frömmigkeit. Heute soll dabei vom Umgang mit der Bibel die Rede sein. Wir hören Psalm 119,105:

> *Dein Wort ist meines Fußes Leuchte*
> *und ein Licht auf meinem Wege.*

Dieser Satz spricht eine Erfahrung aus. Es ist die Erfahrung des einzelnen Menschen, der den 119. Psalm gedichtet hat, aber doch nicht nur die seine. Dieser Einzelne spricht vielmehr für eine ganze Gruppe von Menschen, eine Gemeinschaft, die die Erfahrung auch gemacht hat und den Satz als den ihren betrachtet, aus der jeder für sich also auch sagt: *Dein Wort ist meines Fußes Leuchte und ein Licht auf meinem Wege.* Wäre es nicht so, dann stände der Satz nicht in den Psalmen, die ja für eine ganze große Gemeinde bestimmt sind und von ihr nachgesprochen sein wollen. Und wahrscheinlich hätte der Dichter den Satz auch nicht als eine Besonderheit seiner Zeit betrachtet wissen wollen. Vielmehr handelte es sich für ihn um eine Erfahrung aus langen Generationen, die sich schon an unzähligen Menschen bewährt hatte und von der er sicher war, daß sie sich weiter an einer noch wachsenden Zahl von Menschen bewähren würde.

Die Erfahrung ist grundlegend, umfassend, reicht sehr weit. Sie betrifft das ganze Leben. Das Leben erscheint im Bild als ein Weg, den wir gehen: im flachen Gelände, bergauf, bergab, auf Höhen, im „finstern Tal“ und schließlich dorthin, von wo wir nicht mehr zurückkehren werden. Wir können einen Weg nicht gehen, wenn es dunkel ist, wenn wir ihn nicht sehen können. Dann verlieren wir die Orientierung, sind unsicher und ängstlich, gehen in falsche Richtung, stolpern, fallen hin. Zum Gehen gehört das Licht – bei Tage die Sonne und alle möglichen Ersatzlichter in der Nacht. Das Licht ist nicht in uns selbst, es ist draußen, unabhängig von uns, auf uns nicht angewiesen, aber für uns zum Glück wahrnehmbar und wirksam und ganz unentbehrlich. Es ist Bedingung dafür, daß wir unseren Weg gehen können.

Wie unser Gehen das Licht, so hat unser ganzes Leben auch eine Bedingung, die außerhalb seiner selbst liegt, von ihm unabhängig ist und gerade dadurch seine sicherste Gewähr. So weiß es die Erfahrung der Gemeinschaft, für die unser Psalmist spricht. Er definiert diese Erfahrung bezeichnenderweise in einer Anrede: „*Dein* Wort ist …“ Die Erfahrung, um die es sich hier handelt, unterscheidet sich wie die Liebe von vielen anderen Erfahrungen dadurch, daß sie am richtigsten so in der Anrede formuliert wird. Denn diese Erfahrung betrifft die Beziehung zu einer lebenden und gegenwärtigen Person, zu Gott. Er läßt das Licht leuchten, das unserem Psalmisten und denen um ihn den Gang auf ihrem Wege möglich macht. Durch das Licht Gottes können sie sich orientieren, verlaufen sie sich nicht, stolpern sie nicht, kommen sie an ihr Ziel, wie der Weg dahin auch aussehen mag. Das ist das fröhliche und dankbare Bekenntnis, mit dem unser Satz Gott selbst anredet.

Nun haben wir freilich Anlaß, gegen ein solches Bekenntnis mißtrauisch zu sein. Ist es nicht eher schön und erbaulich als richtig und wahr? Wo ist denn das Licht Gottes? Scheint es wirklich auf unserem Weg, so daß wir ihn sicher gehen können? Es gibt Leute, die das entschieden und unmittelbar für sich behaupten. Aber das sind meist Leichtgläubige, Enthusiasten, Schwärmer, Fanatiker der verschiedensten Art. Sie drohen von dem Licht, das sie sehen oder zu sehen meinen, geblendet zu werden, drohen gerade blind für ihren Weg zu werden und nehmen selten ein gutes Ende. Die anderen, die eher Normalen, Vernünftigen, Nüchternen sehen das Licht Gottes im allgemeinen gar nicht oder allenfalls einmal in guten Stunden oder fern in der Zukunft oder fern in der Vergangenheit. Auf ihrem Weg leuchtet es ihnen nicht, den gehen sie notgedrungen und doch auch der Sicherheit halber ohne dieses Licht. Gott, wenn es ihn denn gibt, ist ihnen fern und stumm. Sie haben keine unmittelbare Beziehung zu ihm.

Unsere Erfahrung wird meist – fast möchte ich sagen: hoffentlich – eher diese nüchterne, illusionslose als jene enthusiastische sein. Und es wird Sie vielleicht überraschen, aber es ist doch so: damit steht sie im Grunde auch der Erfahrung unseres Psalmisten näher. Er spricht ja in dem Satz, den wir verstehen wollen, nicht unmittelbar von Gott, sondern von Gottes Wort. Er sagt nicht, daß Gott das Licht auf seinem Wege ist, sondern daß Gottes Wort das ist.

Wir können ziemlich genau sagen, was er damit gemeint hat. Der 119. Psalm stammt aus der Spätzeit des alttestamentlichen Israel, nach dem babylonischen Exil. Die Israeliten hatten damals nicht nur ihre politische Selbständigkeit verloren, auch sonst war ihr inneres und äußeres Leben sehr anders geworden. Zum Wichtigsten gehörte, daß die Zeit der Prophetie im Wesentlichen zu Ende war. Vor der großen Krise und in ihr war eine Reihe sehr verschiedener Männer aufgetreten, die das Volk direkt im Namen Gottes anredeten. Das Ich in ihren Reden beanspruchte großenteils ganz ausdrücklich das Ich Gottes selbst zu sein. So hatten sie im Namen Gottes – ja, so hatte ihrem Anspruch nach Gott selbst durch sie – das Volk oder einzelne Gruppen und Menschen daraus angeklagt und verurteilt, aber auch getröstet und ermahnt. Als ihre Zeit vorbei war, hatte man immerhin noch ihre Worte und Reden und Schriften. Man hatte außerdem die übrige literarische Hinterlassenschaft des alten Israel, auf dessen Trümmern und aus dessen Trümmern man die neue Volksgemeinde baute: die Erzählungen von der Schöpfung, von den Vätern, von Mose, mit dem Gott „von Angesicht zu Angesicht“ geredet hatte, von den Richtern, die Gottes Kriege geführt, von den Königen, die in den Reichen Israel und Juda regiert hatten. Man hatte die älteren und jüngeren Gesetzbücher, die das Leben bis ins Einzelne nach Gottes Willen regeln sollten. Man hatte den literarischen Niederschlag von vielerlei Wissen und Denken, Freude und Schmerz, fast immer gedacht, gesagt und geschrieben im Blick auf die Tat und den Willen des einen Gottes, dessen Volk zu sein dem alten Israel Grundlage und Hauptinhalt seiner Existenz war. Diese Literatur hat unser Psalm vor sich, in vielem noch im Stadium der Sammlung und Sichtung, der interpretierenden und vereinheitlichenden Neubearbeitung, die manches veränderte, aber doch so, daß die Bibliothek einigermaßen da ist, die dann in dem einen Buch zusammengefaßt wurde, das wir das Alte Testament nennen.

Unser Psalm hat 176 Verse. So sehr die heutige Predigt Sie ermuntern möchte, in der Bibel zu lesen, so wenig kann sie doch – gerade darum – den Ratschlag enthalten, etwa heute nachmittag diesen ganzen Psalm 119 zu lesen. Ich fürchte, er würde Sie abschrecken. Denn er ist ziemlich monoton. Trotz seiner Länge wird in ihm viel weniger der Reichtum des Alten Testaments deutlich als eine Zuspitzung seines Verständnisses in einer ganz bestimmten Richtung, nämlich der als Lebensweisung, als Gesetz. Gesetz, Weisung, Rechte, Gebote sind die ständig wiederkehrenden Wechselbegriffe für das *Wort.* Hier ist ein Gesamtverständnis des Alten Testaments, des Handelns und Redens Gottes dort und sonst, präformiert, gegen dessen orthodox gewordene Form sich dann Jesus und Paulus gewendet haben. Es ist freilich oft genug und in den verschiedensten Formen – nicht immer so ausdrücklich in der des Gesetzes – wiedergekehrt. Auch, ja vielleicht gerade unser protestantisches Schriftprinzip hat solche Gefahren. Ich weiß manchen, wohl auch unter den hier Anwesenden, dem die Massivität einer generalisierenden und dabei gerade im virtuosen kasuistischen Zitieren verengenden Rede vom Wort Gottes im orthodoxen Protestantismus älterer und neuerer Zeit gelegentlich auf die Nerven geht. Dabei ist Ungerechtigkeit im Spiel, wie vielleicht auch bei unserer Sicht von Psalm 119. Aber die Gefahr sollten wir nicht leugnen und uns davor warnen lassen, daß das Wort Gottes eine Formel wird, die seinen wahren Reichtum verdeckt und die womöglich nur ein Ausdruck unserer Denkfaulheit ist und die wir vielleicht gar als eine Keule benutzen, mit ihr auf andere einzuschlagen. Die Lautstärke, mit der gelegentlich am Reformationstag Luthers herrliches „Das Wort sie sollen lassen stahn …“ gesungen wird, kann schon beklemmend sein.

Aber die Probleme kommen für uns heute – und nicht erst heute – meist eher von anderer Seite; mit der Chiffre, deren Unzulänglichkeit sich ja oft genug herausstellt, die aber als Notbehelf immer noch taugt: eher von links als von rechts. Die Bibel ist in den letzten 300 Jahren der Gegenstand einer immer heftigeren Kritik gewesen. Diese Kritik war oft, aber keineswegs immer Bestandteil der Kritik am christlichen Glauben überhaupt. Sie schockierte ganze Generationen durch ihre negativen Behauptungen und Nachweise. Die sog. fünf Bücher Mose sind nicht von Mose geschrieben, die Psalmen nicht von David, die messianischen Weissagungen passen großenteils schlecht auf Jesus, von den vier Evangelien hat keins einen Apostel zum Verfasser, nur ein Teil der ausdrücklich dem Paulus zugeschriebenen Briefe stammt wirklich von ihm. Die dahinter stehende Geschichte ist oft kaum greifbar, und wo wir sie greifen können, erscheint sie uns fern und fremd. Das gilt auch und besonders von ihrem Kernstück, der Geschichte des Menschen Jesus von Nazareth, von dem wir zwar nicht so minimal wenig wissen, wie der eine oder andere Skeptiker uns aus theologischen oder untheologischen Gründen einreden will, aber doch auch nicht so viel, daß er uns als historische Figur einigermaßen detailliert deutlich würde; und wo etwas von dieser Figur deutlich wird, erregt es oft eher Befremden; sozusagen ein guter Nachbar ist der „historische Jesus" schwerlich gewesen.

Das alles hat unzählige Christen, darunter viele Theologiestudenten, schockiert und unsicher gemacht. Wer aber meint, diesem Schock den Verlust seines Glaubens zuschreiben zu sollen, der täuscht sich. Denn einmal richtet sich unser Glaube nicht auf Verfasserschaften und Historizitäten – ein Satz, mit dem Probleme, die natürlich auch hier sind, nicht unterdrückt werden sollen. Vor allem aber hat die Bibelkritik nicht nur negative sondern auch positive Ergebnisse gehabt, sie hat nicht nur niedergerissen sondern auch aufgebaut und tut es ständig weiter, und das ist das viel Interessantere und Wichtigere. Wir haben beobachten gelernt und lernen es weiter – hier ist die Wissenschaft noch längst nicht am Ende –, wie die biblischen Texte geworden und gewachsen sind, welchen „Sitz" sie „im

Leben" des alten Israel oder des Urchristentums hatten, wie sie sich in den Veränderungen dieses Lebens auch veränderten – oder gerade das vielleicht nicht taten! –, wie dieses Leben auf sie wirkte und wie sie auf dieses Leben wirkten. Sie sind uns damit oft ungeahnt plastisch geworden. So rätselhaft uns vieles an ihnen geblieben oder auch neu geworden ist, im Ganzen erschließt sich uns doch ein Reichtum, von dem die Zeit vor der Bibelkritik – und diese Zeit ist ja noch nicht überall zu Ende – wenig gewußt hat. Die Bibel ist damit auf ganz neue Weise ein lebendiges Buch geworden.

Anders gesagt: ein menschliches Buch. Aber wie verträgt sich das damit, daß hier Gottes Wort sein soll? Muß das nun nicht endgültig als überholte Vorstellung aufgegeben werden? In der Tat denken viele so. Aber doch nur im Mißverständnis. Denn je mehr wir die Bibel in ihrer radikalen und totalen Menschlichkeit kennen lernen, um so mehr sehen wir auch, daß sie durch und durch Zeugnis vom Handeln und Reden Gottes sein will und ist. Gott ist uns in ihr nicht direkt greifbar – sonst wäre er ja wohl auch nicht Gott –, und seine Bezeugung durch die Menschen der Bibel ist manchmal bis zur Gegensätzlichkeit verschieden. Aber darin stimmen sie doch überein, daß sie von ihm her und auf ihn hin reden.

Von wem her und auf wen hin? Wir hörten vorhin die eigenartigen Sätze, mit denen das Johannesevangelium beginnt, von dem Wort, das im Anfang war, das bei Gott war, das Gott war, durch das alles gemacht ist, in dem das Leben war, das das Licht der Menschen war, das in der Finsternis scheint, das aber von der Finsternis nicht ergriffen worden ist. Von diesem Licht hat Johannes der Täufer gezeugt, von ihm zeugt das Johannesevangelium und zeugen alle Schriften des Neuen Testaments, damit sich die Menschen von ihm erleuchten lassen und seine Herrlichkeit sehen und damit die Gnade und Wahrheit Gottes, den niemand je gesehen hat.

Der Autor des 119. Psalms hat von Jesus Christus nichts gewußt. Wir können uns aber das, was er sagt, nur so zu eigen machen, daß wir bei dem Wort und dem Licht, von denen er spricht, an das Wort und das Licht aus dem Johannesevangelium denken. Weil dieses Wort da ist und dieses Licht scheint, darum ist das Wort der Bibel – das Menschenwort der Bibel – auch unseres Fußes Leuchte und ein Licht auf unserem Wege. Denn das Menschenwort der Bibel zeugt von dem einen Wort und dem einen Licht, das Gottes Tat allein, ja das Gott selbst ist: Jesus Christus. Und damit ist dieses Menschenwort viel menschlicher und viel lebendiger als alle anderen Menschenworte – es müßte denn nicht wahr sein, daß Jesus Christus, der Gekreuzigte, auferstanden ist von den Toten. Aber dann wäre ja unsere Predigt vergeblich und unser Glaube vergeblich, wie Paulus sagt.

Einen Gebrauch der Bibel an Jesus Christus vorbei kann es natürlich geben, er kann eindrucksvoll und auch nützlich sein. Für uns, die wir hier im Namen dieses lebendigen Herrn versammelt sind, ist er tief unsachgemäß.

Als Winston Churchill in einer der Krisen vor dem ersten Weltkrieg die Führung der Admiralität übertragen worden war und er besorgt über die wachsende Macht der Deutschen sinnierte, blätterte er in einer Bibel und stieß zufällig auf die Anfangsverse des 9. Kapitels im 5. Buch Mose, dem Deuteronomium: „Höre, Israel, du wirst heute über den Jordan gehen, daß du hineinkommst, einzunehmen das Land der Völker, die größer und stärker sind als du, große Städte, vermauert bis in den Himmel, ein groß hoch Volk, die Enakiter, die du kennst [Churchill war in Deutschland gewesen], von denen du auch gehört hast: wer kann gegen die Kinder Enak bestehen? So sollst du wissen heute, daß der Herr, dein Gott, gehet vor dir her, ein verzehrend Feuer. Er wird sie vertilgen und wird sie unterwerfen vor dir her, und du wirst sie vertreiben und umbringen bald, wie dir der Herr geredet hat …" Das schien Churchill „eine überaus beruhigende Verheißung zu sein". Nun gut, aber legitim kann sich kein „christliches" Volk an Jesus Christus vorbei mit dem biblischen Israel identifizieren.

Und heute entnimmt Ernst Bloch der Bibel die Parole des Exodus. Er liest in ihrem Sinn sehr eindrücklich große Teile der Bibel, bis dahin, daß er dort sogar den „Exodus aus Gott" angebahnt findet – so bei Hiob, vor vierzehn Tagen war von dieser Kanzel davon die Rede. Das kann Bloch aber nur um den Preis, daß er den Gott der Bibel als einen autoritären Despoten mißversteht. Damit verfehlt er gründlich, was „der Herr“ in der Bibel bedeutet. Dieser Gott Blochs ist nicht der Gott Jesu Christi und also nicht der Gott der Bibel.

Immerhin: die Außenseiter Churchill („rechts“) und Bloch („links“) gehen mit der Bibel um, sie sagt ihnen etwas, ist tatsächlich ein wenig Licht auf ihrem Wege, und was sie davon berichten, lohnt sich zu lesen. Wie steht es da mit uns? Lassen Sie mich ein für viele von uns naheliegendes und wohl sehr wichtiges Beispiel herausgreifen: unsere Theologiestudenten. Ich sage mit Nachdruck, daß ich keinem von ihnen damit einen Vorwurf mache; Vorwürfe, die hier zu machen sind, richten sich gegen Pfarrer, Lehrer und, vor allem, uns Professoren. Viele Theologiestudenten leiden heute an einer offenen oder verdeckten, oft nur in Sekundärerscheinungen zutagetretenden Glaubensnot, die für sie selbst als Christen, als Theologen, als Menschen und für die Menschen, mit denen sie jetzt und vor allem später zu tun haben, verhängnisvoll sein kann, sie in beinahe ausweglose Situationen bringen kann, ja bringen muß, wenn sie nicht an der Wurzel bekämpft wird. Einer ihrer häufigsten Gründe ist Bibelfremdheit. Vor einigen Wochen wurde von dieser Kanzel gesagt, das Gebet sei für uns so nötig wie das tägliche Brot. Dem ist heute hinzuzufügen, daß vom Umgang mit der Bibel dasselbe gilt. Ohne den ständigen und intensiven Umgang mit der Bibel kann wohl niemand ein Christ, kann ganz bestimmt niemand ein christlicher Theologe sein.

Sie kennen vielleicht die Sätze, die Martin Luther zwei Tage vor seinem Tod auf einen Zettel schrieb: „Virgil in den Bucolica und Georgica kann niemand verstehen, er sei denn fünf Jahre Hirte oder Bauer gewesen. Cicero in seinen Briefen (so meine ich) wird niemand verstehen, er habe sich denn vierzig Jahre in einem bedeutenden Staatswesen bewegt. Die heiligen Schriften meine niemand genugsam geschmeckt zu haben, er habe denn hundert Jahre mit den Propheten die Kirchen gelenkt. Darum ist es ein großes, wunderbares Ding, erstlich um Johannes den Täufer, zweitens um Christus, drittens um die Apostel. Versuche nicht die göttliche Äneis [gemeint ist die Bibel], sondern neige dich tief anbetend vor ihren Spuren. Wir sind Bettler. Das ist wahr.“

Unser Umgang mit der Bibel krankt vor allem daran, daß wir dieses unser Bettlertum ihr gegenüber verleugnen und verschleiern. Wir nähern uns der Bibel mit historisch-kritischer Methode, wie wir sie in ein, zwei Seminaren glauben erlernen zu können, um sie dann auf diesen oder jenen Text anzuwenden, mit irgendeiner Dogmatik oder Antidogmatik, irgendeiner Tradition oder ihrer Bestreitung, mit mehr oder weniger aktuellen Interessen und Fragen. Und fast immer wissen wir vorher ungefähr, was herauskommen wird, fast nie lassen wir uns überraschen oder gar überwinden. Wir sind die Meister, wir bestimmen das Programm, wir führen das Verhör. Und dann wundern wir uns, wenn das Ergebnis unergiebig und langweilig ist, wenn die Bibel nicht redet sondern schweigt, wenn wir hinterher nur das wissen, was wir vorher auch schon wußten – und das ist uns meist ja auch ganz recht so. Aber wir sind dann ohne die Stimme Gottes, werden von ihr nicht erschreckt, nicht gemahnt und auch nicht wirklich getröstet.

Die Bibel beansprucht unsere ganze Hingabe, nicht so, daß wir aufhörten, wir selbst zu sein, und uns aus unserer Zeit und Umgebung wegstählen, wohl aber so, daß wir uns diesem Gegenüber voll aussetzen, es ganz und ohne Vorbehalt auf uns wirken lassen, in der Erwartung, dieses Gegenüber könnte Recht haben, es könnte für uns nicht eine, sondern die Wahrheit sein. Das erfordert Offenheit und Fleiß. Es ist von uns nicht verlangt, wörtlich wie der Mann aus dem ersten Psalm Tag und Nacht über dem Gesetz zu sinnen, aber wir sollten uns ihn und Luthers hundert Jahre doch vor Augen halten und auf die Bibel keinesfalls weniger Zeit verwenden als auf die Zeitung und die anderen Papers, die uns überall entgegenflattern.

Eine Erfahrung, die wir dabei machen, ist die von der Fremdheit der Bibel. Diese Erfahrung ist richtig und notwendig. Ein Umgang mit der Bibel, dem sie fehlt, aus Oberflächlichkeit oder aber auch aus zu großer Vertrautheit, kann den Charakter des Gegenübers verfehlen und zu gefährlicher Harmlosigkeit entarten. Wir haben – gerade beim Bemühen um die Begegnung mit der Bibel und um ihre möglichst intensive Kenntnis – aufzupassen, daß sie nicht allzusehr domestiziert wird, daß sie ihre Freiheit behält. Eine unschätzbare Hilfe dabei ist es, sie in den Sprachen zu kennen, in denen sie geschrieben ist, Hebräisch und Griechisch. Für die, die das Vorrecht der Kenntnis dieser Sprachen – es ist ein Vorrecht! – nicht haben, kann eine ältere Übersetzung, die sich nicht sofort erschließt, einen gewissen Ersatz bieten; sehr empfehlenswert sind in dieser – und nicht nur in dieser – Hinsicht die Neudrucke von Luthers eigener Übersetzung, die man heute kaufen kann. Die neueren Revisionen haben vieles abgeschliffen, angepaßt, dem Volk vielleicht ein bißchen zu sehr und nicht in der richtigen Weise aufs Maul geschaut, die elementare, bestürzende Kraft des Fremden gemildert. Erst recht gilt das von den modernen Übersetzungen, wenn sie eingängigen Paraphrasen nahekommen, wenn sie allzusehr darauf aus sind, dem Text nachzuhelfen, ihn auf das Niveau des Übersetzers und seiner Leser zu bringen – hebend oder senkend, beides kann schlimm sein.

Sie werden mich nicht mißverstehen: damit habe ich nichts gegen die Notwendigkeit neuer Übersetzungen sagen wollen und auch nicht, daß man die Bibel möglichst unverständlich machen und halten soll. Im Gegenteil. Was erklärbar ist, soll erklärt werden, ohne die Sorge, daß zu viel erklärt würde. Die Wunder Gottes bleiben groß genug, ja von ihrer Größe wird uns umso mehr sichtbar, je mehr wir in die Diesseitigkeit, Weltlichkeit, Menschlichkeit ihrer Bezeugung eindringen. Faulheit in dieser Hinsicht kann sich gewiß nicht auf den heiligen Geist berufen. Jeder tut gut daran, nach seinen Möglichkeiten von den Ergebnissen der wissenschaftlichen Arbeit Kenntnis zu nehmen, wie sie in vielen – fast möchte man sagen: zu vielen – guten Büchern unter uns verbreitet werden.

Freilich kann gerade ein gutes Buch sich so zwischen uns und die Bibel stellen, daß wir den Blick auf die Bibel verlieren, daß uns das Wort der Bibel nicht mehr anredet. Gerade gute Kommentare sind gefährliche Kommentare! Herder hat einmal gesagt, die Worte des biblischen Textes müßten neben den Buchstaben des Kommentars dastehen wie Paläste neben Hütten, wie Riesen neben Zwergen. Am Ende macht sich gerade der beste Kommentar überflüssig. Höchste Gelehrsamkeit kann darin an ihr Ziel kommen, daß sie die Bibel wieder nimmt wie ein Kind. Sie wird ihr Ziel mit Sicherheit verfehlen, wenn sie sich selbst wichtiger nimmt als die Bibel.

Wir sind Menschen verschiedener Herkunft, verschiedener Interessen, verschiedenen Geschmacks, verschiedener Lebens- und Arbeitsweise. Darum läßt sich über die praktische Seite unseres Umgangs mit der Bibel wenig Generalisierendes sagen. Keinem von uns ist es zu leicht gemacht, aber auch keinem zu schwer. Bei keinem von uns ist es zu spät für den Anfang, bei keinem von uns wird es in diesem Leben ein Ende geben, wenn er den Anfang wirklich gemacht hat. Und jeder von uns kann und wird dann die Erfahrung wiederholen, von der unser Psalm sprach: Gottes Wort wird auch seines Fußes Leuchte sein und ein Licht auch auf seinem Wege. In dieser sicheren Hoffnung für uns alle sage ich Ihnen zum Schluß die alten Worte, die Augustin aus dem Nachbarhaus hörte und die sein Leben entschieden: Tolle lege, tolle lege, nimm und lies!

Amen.

Zeitgemäß und Gott gemäß

Predigt über Jesaja 1,10–17 am 28. April 1968 (Misericordias Domini) in der Universitätskirche in Münster

Höret des Herrn Wort,
ihr Herren von Sodom!
Nimm zu Ohren die Weisung unsres Gottes,
du Volk von Gomorra!
Was soll mir die Menge eurer Opfer?
spricht der Herr.
Ich bin satt der Brandopfer von Widdern
und des Fettes von Mastkälbern
und habe kein Gefallen am Blut der Stiere,
der Lämmer und Böcke.
Wenn ihr kommt, zu erscheinen vor mir –
wer fordert denn von euch,
daß ihr meinen Vorhof zertretet?
Bringt nicht mehr dar so vergebliche Speisopfer!
Das Räucherwerk ist mir ein Greuel!
Neumonde und Sabbate, wenn ihr zusammenkommt,
Frevel und Festversammlung mag ich nicht!
Meine Seele ist feind euren Neumonden und Jahresfesten;
sie sind mir eine Last, ich bin's müde, sie zu tragen.
Und wenn ihr auch eure Hände ausbreitet,
verberge ich doch meine Augen vor euch;
und wenn ihr auch viel betet,
höre ich euch doch nicht;
denn eure Hände sind voll Blut.
Wascht euch, reinigt euch,
tut eure bösen Taten aus meinen Augen,
laßt ab vom Bösen!
Lernet Gutes tun, trachtet nach Recht,
helft den Unterdrückten,
schaffet den Waisen Recht,
führet der Witwen Sache!

Liebe Gemeinde!
Diese Worte sind nicht an uns gerichtet, sondern an die Jerusalemer vor zweieinhalb Jahrtausenden. Viele Alttestamentler sehen in ihnen ein wichtiges Dokument aus der Entwicklung von einer kultischen zur ethischen Stufe der Religion. Andere versichern, die Worte des Jesaja seien auch damals schon nur als Anweisung für eine spezielle Situation gemeint gewesen und nicht als Grundsatz für alle Zeiten. Und das braucht gar nicht falsch zu sein: Propheten pflegen für die Stunde zu sprechen, umso mehr, wenn sie die große Katastrophe nahe voraussehen, wie es Jesaja getan hat. Aber sind wir damit unseren Text los? Brauchen wir nicht mehr damit zu rechnen, daß er indirekt oder vielleicht auch einmal ziemlich direkt uns selbst anreden könnte? Ist es ganz ausgeschlossen, daß zu uns etwa folgendes gesagt würde: „Was sollen mir eure Gottesdienste? spricht der Herr. Ich habe satt eure Liturgien, Lieder, Glaubensbekenntnisse und Predigten. Wer hat von euch verlangt, daß ihr hier in der Kirche herumsitzt? Und wenn ihr auch eure Hände faltet, schließe ich doch meine Augen vor euch; denn eure Hände sind voll Blut. Tut eure bösen Taten aus meinen Augen, lernt Gutes tun, trachtet nach Recht, helft allen, die sich selbst nicht helfen können!"

Ist es wirklich ganz ausgeschlossen, daß so ähnlich heute zu uns gesprochen würde? Könnten wir die Berechtigung von dem allen ganz von der Hand weisen? Vielleicht muß man sogar im Gegenteil sagen: die Worte scheinen heute eher noch zeitgemäßer als damals, sie würden heute womöglich manche offene Tür einrennen. Jesaja hatte einen florierenden Gottesdienst in einem religiösen Zentrum der alten Welt vor Augen; bei uns werden die Häuflein immer kleiner, im Osten rapider als im Westen, aber doch auch hier bei uns ziemlich unaufhaltsam. Wir sehen uns von Kritik und Gleichgültigkeit umgeben. Unsere eigene Einsicht, wo sie nicht an der Oberfläche bleibt, kann das nur selten ganz unberechtigt finden. Die Hohlheit, Langweiligkeit, Belanglosigkeit, Unzeitgemäßheit vieler unserer kirchlichen Veranstaltungen liegt auf der Hand, und wir sagen das auch manchmal ganz gern. Wen erreicht die Kirche denn noch? Hat sie nicht längst, sieht man von einigem redlichen Bemühen und einiger Schaumschlägerei ab, die Beziehung zu unserem Leben, Denken, Handeln verloren? Sie ist, trotz gelegentlichen Anscheins des Gegenteils und trotz gelegentlicher wirklicher Ausnahmen nicht mehr attraktiv in einer Zeit, wo auf Attraktivität alles anzukommen scheint; und sie ist, was schlimmer ist, in vielem nicht mehr glaubwürdig. Darin liegt für manchen von uns eine Anfechtung, die ebenso stark oder noch stärker ist als alle Anfechtung, die uns die Welt außerhalb der Kirche bereitet. Und dann verlieren wir den Mut und ziehen uns zurück. Oder wir bleiben halben Herzens, vielleicht auch mit zusammengebissenen Zähnen dabei; vielleicht um in einem noch halbwegs ruhigen und behüteten Winkel zu sein, wo ringsherum alles sich aufzulösen droht. Oder wir versuchen zu reformieren: moderne Gottesdienstgestaltung und so weiter. Oder, und das muß davon nicht unbedingt weit entfernt sein, wir machen Anleihen bei wirklich oder vermeintlich besseren Zeiten der Vergangenheit, um vielleicht vom Gestern her das Heute und das Morgen zu gewinnen. Und das eine Mal drohen wir die Vergangenheit zu verlieren, das andere Mal die Zukunft. Wenn wir weiter denken, schwanken wir zwischen Hoffnung und Sorge. In der Kirche wird gegenwärtig mehr von der Hoffnung geredet; nüchterne Betrachtung gibt der Sorge das größere Recht.

Und auch darin scheint unser Text zeitgemäß, daß er anstelle des Gottesdienstes den Dienst am Mitmenschen fordert. Dort ist doch die Realität, dort läßt sich etwas bewirken, dort sind die dringenden Aufgaben, dort kann der Christ und kann die Kirche sinnvoll handeln, dort wären sie glaubwürdig, und das umso mehr, je unaufdringlicher es geschähe, je weniger der religiöse Hintergrund und Überbau dabei in Erscheinung träte. Ja von da her werden herkömmliche Religiosität, Gottesdienst und Dogmatik noch fragwürdiger und erscheinen sie zunehmend als überflüssig. Wenn sie überhaupt noch einen Sinn haben oder ihn neu gewinnen sollen, dann in diesem Licht neu beleuchtet, und das heißt jedenfalls: ziemlich am Rande und ohne die Maßgeblichkeit früherer Zeiten.

So nah sich manches in solchen Beobachtungen, Überlegungen, Befürchtungen und Forderungen mit unserem Text berühren mag, was er uns zu sagen hat, ist doch zunächst etwas gänzlich anderes. Er beansprucht, daß Gott in ihm redet. In der Kirche, die sich als durch Gottes Wort begründet versteht, haben wir uns diesem Anspruch zu stellen. Die Theologen und auch die Nichttheologen unter uns – sie manchmal auf gesündere Weise als die Theologen – wissen, daß das keine einfache Sache ist und daß wir hier und da auch der Bibel diesen Anspruch aus dem einen oder anderen Grund meinen bestreiten zu müssen. Aber diese Fälle, das übersehen wir leicht, sind im Grunde gar nicht die eigentlich problematischen. Wir können bei ihnen oft ganz gut aus dem Spiel bleiben. Viel schwerer haben wir es mit denen, deren Anspruch wir uns beugen müssen, in denen wir im Glauben nicht anders können als Gott selbst reden hören. Denn Gott reden hören ist schwer.

In unserem Text also wird der Gottesdienst nicht von Menschen kritisiert, sondern von Gott. Und Gott kritisiert nicht nur und stellt auch nicht nur pessimistische Prognosen an, sondern er sagt nein. Sein Nein gilt nicht Bestandteilen, Aspekten, Tendenzen und Chancen des Gottesdienstes. Es richtet sich nicht gegen alte Zöpfe, nicht gegen Modernismen und nicht gegen den sogenannten gesunden Mittelweg. Es richtet sich gegen das alles miteinander. Es nimmt den Gesang der Lieder nicht aus und nicht einmal das Gebet. Das heißt aber: es verneint die Möglichkeiten des Menschen, Gott zu begegnen, überhaupt.

Und dieses Nein ist nicht, wie man denken könnte, das Nein eines Atheisten, sondern es ist Gottes Nein. Außer unserer Frage, ob der Gottesdienst zeitgemäß ist, gibt es die andere Frage, die Frage, die Gott hier selbst stellt, ob er Gott gemäß ist. Und diese Frage ist unter allen Umständen die erste. Unsere Frage nach der Zeitgemäßheit wird dadurch nicht geschmälert oder unterdrückt, geht dadurch nicht verloren, im Gegenteil; auch sie wird Gottes Frage. Was uns zeitgemäß scheint, braucht noch lange nicht Gott gemäß zu sein. Was aber Gott gemäß ist, das muß auch zeitgemäß sein, denn Gott ist der Herr der Zeit, indem er sich in sie hineingibt. Das schließt nicht aus, sondern fordert, daß wir uns um die Zeitgemäßheit alle Mühe geben. Wenn wir aber in dieser Mühe aufgehen und nicht in ihr und aus ihr heraus immer wieder zuerst nach der Gott-Gemäßheit fragen, dann ist unser Gottesdienst nicht Gottes-Dienst und unser Christentum nicht Christen-Tum, dann sind sie noch weniger als tönendes Erz und klingende Schelle.

Unser Text gibt sein Kriterium dafür, daß der Gottesdienst der angeredeten Jerusalemer nicht Gott-gemäß ist, indem Gott die Hände, die im Gebet zu ihm erhoben werden, zurückweist mit den Worten: sie sind voll Blut. Vor Gott stehen wir als die ganzen Menschen, die wir sind: mit der Totalität unseres Seins und Handelns. Wir können ihm nicht nur eine Seite von uns, sozusagen die Sonntagsseite zukehren. Wir gehören ihm alle Tage der Woche und ganz. Und wir können vor ihm nichts verbergen oder überspielen, vor ihm verfängt keine unserer Ausweichtaktiken. Und so stehen wir vor ihm mit Händen voll Blut. Es hilft uns nichts, abzuwehren, so schlimm sei es doch gar nicht – es sei denn, wir könnten von uns sagen, wir seien frei von Neid, Haß, Zorn und Rachgierigkeit, den Dingen, die der Heidelberger Katechismus – und wer wollte ihm darin widersprechen? – die Wurzel des Totschlags, ja den heimlichen Totschlag nennt. Gott haßt das alles, fügt der Katechismus hinzu, und damit sind wir nicht weit von unserem Text, wo Gott, wörtlich, es satt hat, kein Gefallen hat, müde ist, das menschliche Tun ihm eine Last und ein Greuel ist und, auch hier steht im Grundtext der Ausdruck, seine Seele das alles haßt. Eine etwas rückständige, anthropomorphe und mythologische Rede, möchten wir dazu sagen, aber das bleibt uns im Halse stecken, wenn wir daran denken, wie Gottes Affekt, das bei Jesaja Gesagte weit überholend und es doch gleichzeitig erfüllend, in Leiden und Tod seine endgültige Gestalt gefunden hat.

Durch die Auferweckung Jesu von den Toten hat sich Gott zu dem Gottesdienst dieses einen Mannes bekannt: zu der herrlichen Freiheit, mit der er den religiösen Führern und Autoritäten seiner Zeit gegenübertrat und die für ihn den Ausschluß aus ihrer Gemeinschaft, ja den Tod bedeutete; zu dem Werk, das er an den Menschen tat, die ihn brauchten, und durch das er diese Menschen in seine Freiheit und wiederum in den Dienst ihrer Mitmenschen führte; zu der Einheit, in der beides geschah und in der es, das ist noch wichtiger, vor Gott geschah, im Bewußtsein seiner Nähe, im Vertrauen auf seine Liebe, in der Erwartung seiner Hilfe, freilich auch seines Gerichts, so daß es sich um alles andere als um ein Idyll handelt: Erfüllung und Zeichen dessen das Kreuz. Ein Zeichen aber, das für uns, der Ausdruck ist nicht falsch gegriffen, Seligkeit bedeutet. Wir werden das nie verstehen und auch nur mühsam nachbuchstabieren können und dann immer neu darüber staunen. Auch die Rede Gottes in unserem Jesaja-Text soll uns wieder einmal auf dieses Staunen führen. Indem Gott sich in der Auferweckung des gekreuzigten Jesus zu diesem Toten bekennt, stellt er sich dorthin, wohin unser heimlicher und offener Totschlag führt. Unsere Hände voll Blut: Gott haßt sie nicht mehr aus der Ferne, er setzt sich ihnen aus und ist darin unser Gott. In der Gestalt Jesu steht er an unserer Seite.

Unser Gottesdienst beruht nun sehr einfach und sehr schwer darauf, daß wir das, erschrocken und selig, merken und uns gefallen lassen, daß wir nicht von der Seite dieses Mannes weichen, daß wir ihm, wie die Bibel es nennt, nachfolgen. Die Freiheit, in der das geschieht, konkurriert nicht mit seiner Freiheit. Er konnte sagen: „Ihr habt gehört, daß zu den Alten gesagt ist – ich aber sage euch." Dergleichen zu sagen, ist unsere Vollmacht nicht. Aber wir sollen und dürfen die von ihm damit gesetzte Zäsur zwischen dem Alten und dem Neuen annehmen und von ihr leben. Die Totalität von Gottes Anspruch an uns ist mit ihr nicht verringert, sie ist sogar noch radikaler geworden. Aber wir sind nun sicher, daß Gott uns nicht haßt, daß das Blut an unseren Händen uns nicht hindert, diese Hände zu ihm zu erheben, denn er wäscht es ab, hat es abgewaschen. Das *Wascht euch, reinigt euch!* unseres Textes braucht uns nicht mehr als ein Befehl, dem wir doch nicht nachkommen können, zur Verzweiflung zu bringen; es trennt uns nicht mehr von Gott.

Eigentlich müßten nun auch die weiteren Imperative am Schluß unseres Textes überflüssig geworden sein: *Tut eure bösen Taten aus meinen Augen, laßt ab vom Bösen! Lernt Gutes tun, trachtet nach Recht* ... Es ist schlimm, daß diese Imperative auch bei denen, die Jesus nachfolgen, offensichtlich nicht überflüssig geworden sind. Wir haben es unterlassen und unterlassen es immer wieder, zu sein, was wir sind. Entsetzlicherweise sehen wir immer noch und vielleicht heute besonders wie Sodom und Gomorrha aus und also wie die Adressaten der Rede Gottes durch Jesaja, denen wir doch so viel voraus haben. Gegenseitige Klagen und Beschuldigungen werden das nicht ändern, aber auch nicht einfach ein noch so ernsthafter und energischer Reformwille, der sich auf Gottesdienst und Mitmenschlichkeit richtet. Wirksam hilft nur die ganz nachträgliche, zunächst – zunächst! – ganz passive staunende Erkenntnis, daß geholfen *ist* und daß wir darum am entscheidenden Punkt doch nicht mehr die Adressaten unseres Textes sind, so sehr wir immer noch danach aussehen und es gewiß auch wären, wenn es auf uns ankäme. Aber es kommt auf uns ja erst in zweiter Linie an. Der Grund ist gelegt, in Jesu Tod und Auferstehung. Wir stehen nicht mehr vor der unlösbaren Aufgabe, Gottes Nein zum Ja zu machen. Das ist schon geschehen, und damit sind wir frei, frei zum Beispiel auch davon, prinzipiell konservativ oder prinzipiell revolutionär sein zu müssen und uns damit ebenso zwangsläufig wie unnötig in feindliche Kriegslager zu zerspalten. Die Freiheit Jesu lehrt und ermächtigt uns, alles danach auszurichten, daß es Gott gemäß ist und damit und dann auch uns und unserer unruhigen Zeit. Möchte Gott selbst uns immer neu den Mut und die Kraft geben, in diesem Sinn das Gute zu lernen und zu tun, damit unsere Kirche und unsere Welt nicht doch noch trifft, was Sodom und Gomorrha und Jerusalem getroffen hat.

Amen.

Die große Freude

Predigt über Jesaja 9,1–6 am 24. Dezember 1993 (Heiligabend) in der Universitätskirche St. Nikolai in Göttingen

Das Volk, das im Finstern wandelt,
sieht ein großes Licht,
und über denen, die da wohnen im finstern Lande,
scheint es hell.
Du weckst lauten Jubel,
du machst groß die Freude.
Vor dir wird man sich freuen,
wie man sich freut in der Ernte,
wie man fröhlich ist,
wenn man Beute austeilt.
Denn du hast ihr drückendes Joch,
die Jochstange auf ihrer Schulter
und den Stecken ihres Treibers zerbrochen
wie am Tage Midians.
Denn jeder Stiefel, der mit Gedröhn dahergeht,
und jeder Mantel, durch Blut geschleift,
wird verbrannt und vom Feuer verzehrt.
Denn uns ist ein Kind geboren,
ein Sohn ist uns gegeben,
und die Herrschaft ruht auf seiner Schulter;
und er heißt Wunder-Rat, Gott-Held,
Ewig-Vater, Friede-Fürst;
auf daß seine Herrschaft groß werde und des Friedens kein Ende
auf dem Thron Davids und in seinem Königreich,
daß er's stärke und stütze durch Recht und Gerechtigkeit
von nun an bis in Ewigkeit.
Solches wird tun der Eifer des Herrn Zebaoth.

Liebe Gemeinde!
Dies ist der schönste und mächtigste unter den Weihnachtstexten aus dem Alten Testament. Wir können uns Weihnachten nicht ohne ihn denken und ihn nicht ohne Weihnachten. Auch wenn wir ihn im April oder September lesen, stellt sich die Assoziation von Kerzenlicht und Tannenduft ein. Seine Schönheit und seine Macht als weihnachtlicher Text ist so groß, daß eine Predigt sie nicht vermehren, allenfalls gefährden kann, schon gar die Predigt eines Alttestamentlers, dessen erste Aufgabe es ist, Wasser in diesen Wein zu gießen.

Denn unser Prophetenwort hat von Hause aus mit Weihnachten überhaupt nichts zu tun. Es kündigt Jahrhunderte „vor Christi Geburt" den damaligen Israeliten die Befreiung von einer Fremdherrschaft an – auf unvergeßlich bildhafte Weise: die Jochstange und der Treiberstecken sollen zerbrochen, der dröhnende Marschstiefel und der blutgetränkte Soldatenmantel sollen verbrannt werden – heute, im Zeitalter des Tourismus, verkaufen die übriggebliebenen Soldaten der fremden Macht deren Requisiten am Brandenburger Tor. An das Brandenburger Tor, nicht heute, sondern vor vier Jahren, kann man auch denken bei der Charakteristik der Freude und des Jubels, mit denen die Israeliten auf die Befreiung reagieren werden: wie bei Ernte und Beuteteilung. Es ist die Ausgelassenheit bei der Erfahrung eines großen Glücks. Oder, mit den Anfangsworten hier, beim Anblick eines großen Lichts. Das von der Fremdmacht beherrschte Volk wandelt in der Finsternis, sein Land ist ein dunkles Land, ohne die Möglichkeit zu richtiger Orientierung, freiem Handeln, normalem Leben, ohne die Aussicht auf eine gute Zukunft, ohne Hoffnung also. Das soll nun anders werden.

Und zwar soll es anders werden, ohne daß das Volk im Finstern etwas dafür tut – wie sollte es auch? Jedenfalls ist von solchem Tun mit keiner Silbe die Rede, vielmehr heißt es: *du* hast zerbrochen, und darum: *du* weckst lauten Jubel, *du* machst groß die Freude, vor *dir* wird man sich freuen. Das ist alles als Gebet gesagt, in der Anrede an den, der hier allein gehandelt hat und *vor dem* man sich nun freut. Auch, ja gerade in der ausgelassenen Freude wie bei Ernte und Beuteteilung ist dieses Volk nicht unter sich, sondern unter den Augen dessen, der das große Licht scheinen läßt. Das dämpft die Ausgelassenheit nicht, macht sie nicht unfrei und gezwungen, sondern gibt ihr Grund, Maß und Ziel: das Ziel, aufgrund dieser Erfahrung noch mehr das Volk dieses Einen zu sein.

Die große Freude antwortet aber nicht nur auf das Zerbrechen der fremden Waffen. Vielmehr wird mit einem weiteren *Denn* das Ereignis angekündigt, das unser Prophetenwort zum Weihnachtstext gemacht hat: *Uns ist ein Kind geboren, ein Sohn ist uns gegeben.* Uns: doch wohl dem Volk, das im Finstern wandelt – ihm kommt diese Geburt zugute. Aber wer sind die Eltern, wer ist das Kind, der Sohn? Wenn er auf dem Thron Davids sitzen soll, ist er am ehesten ein Königssohn oder Königs-Nachkomme in Jerusalem. Seine Person und die Art seiner Herrschaft umschreiben zugleich klar und geheimnisvoll die vier berühmten Doppelnamen: *Wunder-Rat, Gott-Held, Ewig-Vater, Friede-Fürst.* Diese Namen sollen nicht nur Anspruch sein, sondern Wirklichkeit: Frieden und Gerechtigkeit werden in seinem Reich kein Ende haben. Allen Zweifeln begegnet der Schluß: *Solches wird tun der Eifer des Herrn Zebaoth.* Also wieder: das Wunderbare geschieht nicht durch Menschen, sondern durch Ihn, und durch ihn nicht mit der gelassenen Hand eines uralten heiligen Vaters, sondern mit vollem Einsatz, mit *Eifer* – man kann auch übersetzen: Eifersucht, Leidenschaft. Da muß aller Zweifel verstummen.

Aber verstummt er, kann er verstummen? Einmal angenommen, die Befreiung sei damals irgendwann wirklich geschehen – die Befreiten wurden über kurz oder lang doch wieder zu dem *Volk, das im Finstern wandelt.* Und der Herrscher, in dessen Reich Frieden und Gerechtigkeit kein Ende haben? Er ist in zweieinhalb Jahrtausenden nicht gekommen, und es wäre purer Leichtsinn, unter den Bedingungen dieser Welt noch mit seinem Kommen zu rechnen. Vor unseren Augen bleibt alles Bemühen um Frieden und Gerechtigkeit Stückwerk – einiges Licht gibt es, nur Undankbarkeit würde es übersehen, aber es gibt nicht weniger Finsternis und insgesamt allenfalls Dämmerung, bei der höchstens darüber die Meinungen geteilt sind, ob sie die Dämmerung des Morgens oder die des Abends ist.

Der Utopie, die unser Prophetenwort war, gibt Weihnachten

einen neuen Topos oder überhaupt erst einen Topos, einen Ort, und an diesem Ort soll es keine Utopie mehr sein. Der Prophet hat von Weihnachten noch nichts gewußt, aber ohne seine Prophezeiung und die einiger seiner Mitpropheten hätte man nie vom Kind in Bethlehem gesprochen. Indem die junge Christenheit diese Prophezeiungen auf Jesus von Nazareth bezog, sah sie diese Worte und diesen Mann in einer anderen, neuen Dimension: der erwartete Herrscher auf einmal erschienen in dem wehrlosen Mann, der am Kreuz endete, dieser Mann schon als neugeborenes Kind Gegenstand der großen Freude auf dem Feld von Bethlehem.

Was Herrschaft ist, was Recht und Gerechtigkeit sind, das soll *von nun an bis in Ewigkeit* sichtbar sein im Sein und Tun des Mannes, von dem die Evangelien erzählen. Seine überwältigende Unbefangenheit im Umgang mit den Brüdern und Schwestern, seine Barmherzigkeit, aber auch sein Zorn, sein strikter Gehorsam gegen den nicht als knechtendes Gesetz, sondern als aufrichtendes Gebot verstandenen Willen des Vaters im Himmel: das ist die Art seiner Herrschaft, das sind bei ihm Recht und Gerechtigkeit.

Und eben das führt ihn geradewegs hinein in den Konflikt mit solchen, die seine Brüder und Schwestern nicht sein wollen, in das durch sie bewirkte Leiden bis zum schrecklichen Tod. Das ist nichts, was sich von ihm wegdenken ließe, als etwas nicht Dazugehöriges, als Schönheitsfehler oder unglücklicher Zufall. Nein, hier liegt der Schlüssel zum Ganzen. Es ist richtig, daß, wenn schon ein Bild in der Kirche sein soll, es dann das Kreuz ist. Am Kreuz sehen wir, was es mit dem Menschen und mit Gott auf sich hat: der von Menschen gepeinigte und gemordete Mensch und der diesen einen Menschen, aber mit ihm auch die anderen, die zu ihm aufblicken, annehmende Gott. Der dort vor uns hängt, ist nicht nur im Bild und in der Erinnerung gegenwärtig, sondern als Lebendiger. Von ihm gilt: *die Herrschaft ruht auf seiner Schulter,* und er darf heißen: *Wunder-Rat, Kraft-Held, Ewig-Vater, Friede-Fürst.* Dem Tod zum Trotz hat das *der Eifer des Herrn Zebaoth* gemacht. Die göttliche Leidenschaft wirkt unter uns nicht in Triumphen nach dem Maßstab unserer Welt, sondern im Leiden dieses Menschen.

Er ist einer von uns gewesen, hat von Anfang an ohne Vorbehalt sein Leben mit uns geteilt. Das sagen die Geschichten von seiner Geburt und Kindheit, die es auch willig ertragen, daß wir sie weihnachtlich und idyllisch hören, wie wir es ja kaum noch anders können, und daß wir dies und jenes von den Normalitäten und Anormalitäten unseres Lebens aus ihnen heraus- oder in sie hineinlesen. Aber schon hier ist viel wichtiger: sein Leben ist von Anfang an nicht nur wie unser aller Leben ein einmaliges, sondern ein einzigartiges. Wir sind an extravaganten Namen einiges gewohnt, aber welches Kind könnte ohne das Risiko völliger Lächerlichkeit Wunder-Rat, Kraft-Held, Ewig-Vater, Friede-Fürst heißen? Auch bei einem altägyptischen oder anderen Prinzen und König entspräche das ja nicht seinem wirklichen Wesen, sondern wäre Teil eines Zeremoniells, das ihn zeitlebens in einer gewissen Isolierung hält. An Jesus von Nazareth ist nichts Zeremonielles und er lebt nicht isoliert, er verzichtet auf alle Abschirmungen, er verschenkt sich an die anderen. Was er bringt, soll wirklich, mit den Worten des Engels, allem Volk widerfahren und zugutekommen.

Zu Weihnachten steht in unseren Kirchen etwas schräg vor dem Kreuz ein Tannenbaum mit Lichtern. Es gibt Puristen, ich gestehe einer von ihnen zu sein, die das eigentlich nicht recht passend finden. Aber man würde dagegen kämpfen wie Don Quixote gegen die Windmühlenflügel, und das lohnt sich nicht. Nehmen wir also den Baum mit den Lichtern nicht als Ablenkung von der Hauptsache, sondern als Hinweis auf sie. Es gibt ja so viele Lichter, die uns leuchten, die uns vielleicht sogar auf kürzere oder längere Zeit faszinieren, die uns dann aber doch in die Irre führen oder jedenfalls unser Dunkel auf die Dauer nicht erhellen können. Wir glauben – und „glauben" meine ich jetzt in seinem höchsten Sinn –, daß das bei dem Licht, das wir zu Weihnachten feiern, anders ist. Der Ort, wo es scheint, ist wahrhaftig finster – sehen wir nur am Baum vorbei hin zum Kreuz! Ja, „Gott will im Dunkel wohnen", haben wir vorhin gesungen, aber auch die Fortsetzung: „und hat es doch erhellt". „Gibt der Welt ein' neuen Schein", werden wir gleich singen. Einen Schein, der sich uns dann auch in den vielen kleinen Lichtern mitteilen mag, die uns auf unseren Wegen doch auch begegnen und die doppelt hell scheinen, wenn wir lernen, sie als Hinweise auf das eine große Licht zu sehen, als kleine Zeichen der großen Güte Gottes. „Das Licht scheint in der Finsternis, und die Finsternis hat's nicht begriffen", heißt es im Johannesevangelium. Möchte das doch auf uns nicht zutreffen, möchten wir doch nicht die Finsternis sein, die finster bleiben will, möchten wir doch das Licht begreifen, wenn es scheint. Und es scheint! Wir haben es so wenig selber gemacht wie damals die Israeliten ihre Befreiung von der fremden Herrschaft. Umso dankbarer sollten wir es bei uns leuchten lassen.

Die große Freude, die der Engel den Hirten auf dem Feld von Bethlehem verkündigt, ist nicht geringer als die der Israeliten von ehedem, die Freude wie bei Ernte und Beuteteilung. Uns können und sollen nicht nur die kleinen Lichter hier an das große Licht erinnern, sondern auch die Ernte und Beuteteilung, die es nachher zu Hause bei uns kleinen und großen Kindern gibt, an die Freude auf dem Feld von Bethlehem. Unsere meisten Freuden, wir wissen das sogar von der Freude über die Befreiung von fremder Macht, haben es an sich, daß sie über kurz oder lang verblassen und vergehen können. Die Weihnachtsfreude bleibt.

Amen.

Euer Gott kommt

Predigt über Jesaja 35,3–10 am 28. November 1976 (1. Sonntag im Advent) in der Reformierten Kirche in Göttingen

Stärket die müden Hände
und macht fest die wankenden Knie!
Saget den verzagten Herzen:
„Seid getrost, fürchtet euch nicht!
Seht, da ist euer Gott! Er kommt zur Rache;
Gott, der da vergilt, kommt und wird euch helfen."
Dann werden die Augen der Blinden aufgetan
und die Ohren der Tauben geöffnet werden.
Dann werden die Lahmen springen wie ein Hirsch,
und die Zunge der Stummen wird frohlocken.
Denn es werden Wasser in der Wüste hervorbrechen
und Ströme im dürren Lande.
Und wo es zuvor trocken gewesen ist,
sollen Teiche stehen,
und wo es dürre gewesen ist,
sollen Brunnquellen sein.
Wo zuvor die Schakale gelegen haben,
soll Gras und Rohr und Schilf stehen.
Und es wird dort eine Bahn sein,
die der heilige Weg heißen wird.
Kein Unreiner darf ihn betreten;
nur sie werden auf ihm gehen;
auch die Toren dürfen nicht darauf umherirren.
Es wird da kein Löwe sein
und kein reißendes Tier darauf gehen;
sie sind dort nicht zu finden,
sondern die Erlösten werden dort gehen.
Die Erlösten des Herrn werden wiederkommen
und nach Zion kommen mit Jauchzen;

ewige Freude wird über ihrem Haupte sein;
Freude und Wonne werden sie ergreifen,
und Schmerz und Seufzen wird entfliehen.

Liebe Gemeinde!
Was wäre das, wenn es so wäre: keine Blinden, keine Tauben, keine Lahmen, keine Stummen, keine Dürre und also keine Probleme von Ernährung und Versorgung, keine Bedrohung auf Wegen und Straßen, die Welt nicht mehr unheimlich und gefährlich, sondern zu unseren Diensten, nützlich und schön. Davon kann man heute träumen wie vor zwei- oder dreitausend Jahren, der Traum ist aktuell wie damals, und er ist wie damals eben ein Traum. Wenn dieser Zustand eintreten soll, dann doch wohl nur so, daß Gott ihn bringt. Ohne daß Gott kommt, kann das alles nicht kommen. Kann es überhaupt kommen?

Die Sehnsucht danach geht durch alle Zeiten, jede Generation träumt den Traum und malt ihn sich aus, sehr verschieden und doch sehr ähnlich. Dichter und Philosophen erdenken das Paradies, den vollkommenen Staat, das Land Utopia, die klassenlose Gesellschaft oder doch wenigstens das Prinzip Hoffnung. Und die Menschen legen Hand an, das oder doch wenigstens etwas davon zu verwirklichen, sie kämpfen mutig mit den vielen Schwierigkeiten, die zwischen ihnen und der endgültig und völlig guten Welt stehen. Sie haben viel erreicht und werden zweifellos noch viel erreichen. Was kann man heute alles, was man zur Zeit dieses Propheten noch nicht konnte! Unzählige sehen, hören, laufen und reden, die damals blind, taub, lahm und stumm gewesen und geblieben waren. Wir können vielen Gefahren und Katastrophen begegnen, haben bedrohliche Probleme im Griff, denen unsere Vorfahren hoffnungslos ausgeliefert waren. Unser Zusammenleben ist in vieler Hinsicht vernünftiger, gerechter, menschenwürdiger, menschlicher geworden.

Aber nichts davon gilt ohne Einschränkung, und oft macht die Einschränkung das wieder zunichte, was wir positiv sagen können. Bei allen Erfolgen, ja teilweise geradezu aufgrund dieser Erfolge war die Menschheit noch nie so bedroht, wie sie es heute ist. Die alte Geschichte von der Schlange, der für jeden Kopf, der ihr abgeschlagen wurde, zwei neue Köpfe nachwuchsen, gilt mehr als je. Scheinbar gelöste Probleme sind plötzlich wieder offen, neue kommen hinzu und immer wieder neue und größere. Unter der Oberfläche und über ihr gibt es unsagbar viel Angst und viele Komplexe, die sich so leicht wachrufen und ausnutzen lassen wie eh und je.

Und immer wieder machen die Menschen einen Anlauf, die vollkommene Welt herzustellen, und immer wieder scheitern sie damit, im günstigsten Fall auf lächerliche, im leider nicht seltenen übleren Fall auf grausame, für viele verhängnisvolle Weise. Der schöne Traum ist nicht einmal ein wirklicher Traum: wirkliche Träume sind kaum je so schön. Und meist sind auch die schönen Wachträume gar nicht so schön: wenn wir für uns selbst und unsere Umgebung Gutes erträumen, geschieht das leicht auf Kosten anderer, an die wir oft nicht denken, vielleicht nicht einmal denken können, die aber doch da sind und auch Träume, Wünsche und Ansprüche haben. Gott kommt zur Rache, er vergilt, sagt unser Prophet, und das heißt für ihn: er wird euch, den Israeliten, die er anredet, helfen. Die wunderbare Straße ist eine Straße für die geretteten Israeliten von damals. Ihren Feinden soll es sehr anders ergehen, wie man im vorausgehenden Kapitel 34 nachlesen kann. Die Rettung Israels hat zur Kehrseite, daß es anderen schlecht ergeht. Das Gute, das uns widerfährt, ja vielleicht sogar die Gerechtigkeit, die uns widerfährt, geht nur allzu oft irgendwie auf Kosten anderer, die doch auch ihr Recht haben. Die Aufrechnung solcher Kosten, oder was man dafür erklärt, füllt manches Leben und füllt auf blutige Weise die Geschichte. Kein Volk hat davon mehr erfahren als Israel. Und das hat von Anfang an auch sehr anders ausgesehen als unsere Weissagung und ist deren dunkler Hintergrund. Schon lange vorher erwarteten die Israeliten einen „Tag des Herrn", der ihnen den großen, strahlenden Triumph, Macht und Herrlichkeit bringen sollte. Aber sie wurden grob zurechtgewiesen durch den Propheten Amos: „Weh denen, die den Tag des Herrn herbeiwünschen! Was soll er euch? Er wird finster und nicht licht sein, dunkel und nicht hell."

Wenn wir das bedenken, und wohl jeder von uns könnte dem aus seiner Umgebung und seiner Erfahrung noch einiges hinzufügen, dann scheint die strahlende Vision unseres Textes doch eher eine gefährliche Illusion zu sein, der wir uns gerade nicht anvertrauen dürfen, wenn wir starke Hände, feste Knie, getroste Herzen haben wollen, die wir ja alle brauchen; dann scheint dieses Licht trügerisch zu sein, und mancher unter uns wird sagen: dann lieber ehrliche Finsternis, in der wir das bißchen tun, was wir können. Und wäre es dann nicht konsequent, auch das Adventslicht auszupusten, das wir heute morgen angesteckt haben, und die Lichter in den nächsten Wochen gar nicht erst anzustecken, jedenfalls soweit sie ihren eigentlichen Sinn noch haben sollen: Zeichen für einen Tag des Herrn zu sein, der eben nicht Finsternis sondern Licht ist? Hat denn das Kind in der Weihnachtskrippe, hat der Mann Jesus von Nazareth das große Licht gebracht, das ohne Finsternis ist, das nicht mehr in die Finsternis umschlagen kann? Hat er nicht in Wirklichkeit die große Erwartung enttäuscht?

In diese Richtung ging auch die Frage Johannes des Täufers, wie er da im Gefängnis saß und an Jesus die Botschaft richtete, die wir vorhin aus dem Matthäusevangelium (11,2–6) gehört haben. Er war es ja, der diesen Kommenden angekündigt hatte, und nun drohte er, auch er, gerade er unsicher zu werden: ist dieser der, der da kommen soll, oder sollen wir auf einen anderen warten, einen, der nun wirklich alles in Ordnung bringt, so daß man sieht, daß es in Ordnung ist, daß die Welt heil, geheilt ist, daß in ihr nur noch das Licht scheint und die Finsternis vertrieben hat? Wenn wir das nicht schaffen können, bedeutet dann vielleicht der Blick auf das Kind in der Krippe und auf den Mann Jesus von Nazareth, daß auch Gott es nicht kann oder daß er es jedenfalls in diesem nicht gekonnt hat, so daß er es später noch einmal mit einem anderen und dann womöglich wieder mit einem anderen versuchen muß und wir immer weiter zu warten haben und am Ende auf überhaupt nichts und niemanden mehr warten?

Jesus antwortet den Boten des Täufers indirekt. Sie sollen ihm sagen, was sie hier um ihn herum gesehen haben: „Blinde sehen und Lahme gehen, Aussätzige werden rein und Taube hören, Tote stehen auf und Armen wird das Evangelium gepredigt – und selig ist, der nicht Ärgernis nimmt an mir.“ Selig ist der, der hier nicht mißversteht, der merkt, worum es geht, und sich darauf einläßt. Denn hier geht es um nicht weniger als in der prophetischen Weissagung, hier geht es ums Ganze. Indem Jesus von dem spricht, was um ihn herum und durch ihn an Menschen geschieht, bezieht er die Weissagung auf sich und sagt: ja, in mir ist sie erfüllt, in mir ist das Heil da, ich bin das Heil.

Das anzuerkennen, ist eine große, ungeheure Zumutung, und dies Zumutung ist für uns nicht kleiner geworden, als sie für Johannes den Täufer und die damalige Zeit war. Hier fällt es wahrhaftig schwer, nicht Ärgernis zu nehmen. Es wird kaum jemand unter uns sein, der dieses Ärgernis nicht kennt, der es ein für allemal hinter sich hat, den es nicht immer wieder anfällt und so anfällt, daß er davon schlaffe Hände, weiche Knie und ein verzagtes Herz bekommt – wenn er dies alles auch nur von ferne ernstnimmt. Uns ist zugemutet, in den für uns kaum noch kontrollierbaren Ereignissen um einen einzigen Menschen vor zwei Jahrtausenden in Galiläa und Jerusalem das zu erkennen, was die Hoffnung der ganzen Menschheit war und ist: die heile und gerechte Welt, unsere Rettung und Erlösung, das Licht, das alle Finsternis vertreibt. Wer sich auf diese Zumutung einläßt, dem verheißt Jesus, daß er selig sei soll. Nehmen wir „selig“ dabei ruhig einmal so, wie wir es meistens meinen: sehr glücklich, glücklich ohne Schatten, wie es zum Beispiel Kinder in der Weihnachtszeit sein können.

Der Mann Jesus aus Nazareth sitzt an keinem der Schalthebel der Weltgeschichte. Er ist auch keiner der großen Entdecker und Erfinder gewesen, hat keine Seuche besiegt, kein System und keine Formel zur Erklärung der Welt ausgedacht, keinen großen Traum von der vollkommenen Zukunft geträumt und durchzusetzen angefangen. Er hat nur – aber was ist das für ein „nur“? – in der Umgebung, in die er gestellt war, vollkommen von Gott her und auf ihn hin und eben damit genauso vollkommen für die Menschen um sich herum gelebt. Er sah sie mit den Augen Gottes, der der Herr unseres Leibes und unserer Seele ist, und heilte sie darum an Leib und Seele. In ihm war Gott selbst an ihrer Seite. Aber das sollte kein Exklusivverhältnis begründen, sondern sollte allen Menschen gelten und zugute kommen. Die Gerechtigkeit, die hier hergestellt wurde, hatte nicht Rache und Vergeltung an „den anderen“ zur Kehrseite. Was hier an Rache geschah, wurde an ihm selbst exekutiert, auf Golgatha. Das Licht schien in der Finsternis, und hier war die Finsternis am dunkelsten und undurchdringlichsten. Aber gerade hier hat sich Gott zu diesem einen Menschen bekannt und damit sein Licht als einen hellen Schein auch in allen kommenden Finsternissen leuchten lassen.

Wenn wir fragen: warum hat er diese kommenden Finsternisse überhaupt noch zugelassen – und viele schreien diese Frage heraus oder aber haben schon mit Schreien aufgehört, weil sie es nicht mehr wollen oder nicht mehr können –, wenn wir das fragen und damit nicht fertigwerden, dann bekommen wir eine Antwort, mit der wir lernen müssen in dieser Welt und in diesem Leben zufrieden zu sein: ich bin und bleibe in diesen Finsternissen bei euch in der Gestalt des Mannes am Kreuz; laßt euch daran genügen, es ist unendlich viel. Es ist so viel, daß es hinter der Weissagung aus dem Alten Testament nicht zurückbleibt. Es kommt an Qualität dem gleich, was der Prophet vor Augen sah, der Überschwang seiner Worte und Bilder ist gerade richtig, wenn das Reich Gottes beschrieben werden soll, das, trotz allem, längst mitten unter uns ist.

Wir wissen nicht, was aus dieser Welt werden wird. Soweit es an uns liegt, können wir nur mit großen Sorgen in die Zukunft blicken. Zu vieles scheint auf böse Zeiten zu deuten, auf Katastophen, wie sie noch nicht da waren, vielleicht auf *die* Katastrophe. Aber wenn wir diese alte Weissagung lesen, und sie im Lichte des Evangeliums lesen, dann können wir wissen: Gott interessiert sich für diese Welt und die Menschen in ihr, er meint es gut mit ihnen. Keine Katatrophe wird das wieder zunichte machen können. Seine Liebe zu uns wird die Katastrophen überleben. Wie das sein wird, das können wir uns nicht ausmalen, so wie unsere Weissagung das getan hat, und wir brauchen es auch nicht. Unsere Phantasie braucht darum nicht stillzustehen, in vieler Beziehung nicht. Wir müssen nicht lange suchen nach Blinden, Tauben, Lahmen und Stummen, ebensowenig nach Armen und auch nach solchen, die so etwas wie Aussätzige sind. Es gibt mancherlei Weisen, wie das Licht auch in ihre Finsternis scheinen kann, und oft sind wir nicht ganz machtlos, dafür etwas zu tun. Vielleicht bekommen auch wir unsererseits dann erst richtig dieses Licht zu sehen. Und wer von uns braucht das nicht dringend? Jeder von uns ist ja irgendwo in einem tiefen Sinne etwas davon oder das alles zusammen: blind, taub, lahm, stumm, aussätzig, arm und einer der Toren, die nach unserem Text auf der heiligen Straße nichts zu suchen haben. Das muß nicht so bleiben, das darf nicht so bleiben, Advent und Weihnachten sind eine gute Zeit, etwas dagegen zu tun. Das ist erheblich nötiger und wichtiger als vieles, was in diesen Wochen wie alle Jahre wieder geschehen wird und was uns den Blick auf das große Licht so oft verstellt. Denken wir doch daran: die vielen Adventslichter, sogar wenn sie elektrisch sind, sollen uns an dieses eine große Licht erinnern! Wenn sie das wirklich tun, wenn wir sie das wirklich tun lassen, dann wird sicher einiges von dem, was wir tragen müssen, leichter werden, wohl auch von äußerem Leiden. *Schmerz und Seufzen wird entfliehen*, sagt unser Prophet. Das wird bei vielen auch in dieser festlichen Zeit so nicht eintreten. Aber auch sie sollen wissen, daß den Erlösten Gottes Freude, Wonne und Seligkeit zugedacht ist und daß Gott den Willen und die Macht hat, ihnen, was er ihnen zugedacht hat, auch zukommen zu lassen. Darum zu ihnen, aber natürlich zu uns allen in gleicher Weise gesagt: *Seid getrost, fürchtet euch nicht! Euer Gott kommt und wird euch helfen!*

Amen.

Nicht müde werden!

Predigt über Jesaja 40,27–31 am 21. Mai 1989 (Trinitatis) in der Universitätskirche St. Nikolai in Göttingen

Warum sprichst du denn, Jakob,
und du, Israel, sagst:
„Mein Weg ist dem Herrn verborgen,
und mein Recht geht vor meinem Gott vorüber"?
Weißt du nicht?
Hast du nicht gehört?
Der Herr, der ewige Gott,
der die Enden der Erde geschaffen hat,
wird nicht müde noch matt,
sein Verstand ist unausforschlich.
Er gibt dem Müden Kraft
und Stärke genug dem Unvermögenden.
Männer werden müde und matt,
und Jünglinge straucheln und fallen;
aber die auf den Herrn harren, kriegen neue Kraft,
daß sie auffahren mit Flügeln wie Adler,
daß sie laufen und nicht matt werden,
daß sie wandeln und nicht müde werden.

Liebe Gemeinde!
„Nicht müde werden!" Das ist eine Parole, die wir alle kennen. „Kaufet die Zeit aus!" So steht es schon in der Bibel, und so oder ähnlich hören wir es überall. Wenn wir zu etwas kommen wollen, etwas werden wollen, etwas bleiben wollen, dann müssen wir uns dafür anstrengen und dürfen in dieser Anstrengung nicht nachlassen. „Keine Müdigkeit vorgeschützt!" ermuntern uns mehr oder weniger wohlwollende Leute, die etwas aus uns machen oder etwas von uns haben wollen. Und so beißen wir die Zähne zusammen, suchen wacher zu sein als die Konkur-

renz, stellen unsere Füße in kaltes Wasser, um nicht einzuschlafen – berühmte Theologen sollen das getan haben –, holen das Letzte aus uns heraus. Wenn das gut geht, erfreuen wir uns und andere mit unserer Leistung – wieder andere ärgern wir vielleicht damit –, wenn es nicht gut geht, nun, dann geht es uns wie den Männern und Jünglingen, von denen unser Prophet redet, und er meint natürlich die Frauen und Jungfrauen mit: dann werden wir wirklich müde und matt, dann stolpern wir und fallen.

Aber ich habe den Propheten absichtlich mißverstanden. Seine letzten drei Wörter *nicht müde werden* sind ja gar keine Parole mit Ausrufezeichen dahinter, sondern eine Verheißung, die einen ganz anderen Ausgangspunkt hat, ganz woanders herkommt. Sie richtet sich allerdings an Menschen, die müde sind, müde und resigniert. *Mein Weg*, sagen sie, *ist dem Herrn verborgen, und mein Recht geht vor meinem Gott vorüber.* Diese Menschen haben Anlaß, sich zu den Gescheiterten zu rechnen, vielleicht sogar zu den Vergeblichen. Sie drücken das in der Sprache des Glaubens aus, und da wir hier in der Kirche sind, haben auch wir es in dieser Dimension zu bedenken und vieles von dem zurückzustellen, was uns sonst dazu in den Sinn kommen mag.

Mein Weg ist dem Herrn verborgen, und mein Recht geht vor meinem Gott vorüber. Schon das klingt unseren Ohren nicht selbstverständlich. Es heißt nicht: Gottes Weg, ja Gott selbst ist *uns* verborgen, er ist uns fern und fremd, wir merken nichts von ihm, wissen nicht, ob es ihn überhaupt gibt. So würden *wir* sagen, aber diese alten Israeliten gehen mindestens so sehr von Gott aus wie von sich selber. Er ist vor ihnen und über ihnen da, auf ihn kommt es an, er ist der Anfang und der Maßstab, von ihm hängt alles ab, hängen auch sie ab. Sie sehen viel mehr sich selbst in seinem Licht als ihn in ihrem Licht.

Aber nun können sie sich nicht in seinem Licht sehen, es leuchtet ihnen nicht, darum sind sie im Dunkeln, ihr Weg ist ihm verborgen, ihr Recht geht vor ihm vorüber, vor ihm, der nach wie vor ihr Gott ist, der sich aber nicht um sie kümmert, nicht für sie eintritt. Das ist ihre Diagnose der Lage. Man kann sie kaum eine Anklage Gottes nennen, sie hat nicht die Form des Gebets, ist nur Klage, ein müder, resignierter Seufzer.

Und nun kommt der Prophet, den wir nicht mit Namen

kennen und aus Verlegenheit Deuterojesaja nennen, und redet diese ganze Klagegesellschaft als eine einzige Person an und fragt sie: *Warum sprichst du denn* so, warum? Nun, darauf wären die angeredeten Israeliten um die Antwort nicht verlegen. Sie sitzen im babylonischen Exil unter fremder Herrschaft in kümmerlichen Verhältnissen und sehnen sich zurück nach ihrem eigenen Land, wo sie ein Volk und ein Staat gewesen sind, wo der Tempel gestanden hat, die Stätte der Gegenwart des Gottes, in dessen Licht ihr Weg verlief und bei dem ihr Recht lag. Wo sie jetzt sind, sehen sie sich ohne Wurzel und also ohne Zukunft. Das wäre das „Darum" ihrer Resignation.

Der Prophet wartet es nicht ab. Er gibt den Leuten jetzt nicht Zeit, sich in ihrem Klagen und Seufzen häuslich einzurichten, sondern schließt an sein *Warum?* gleich eine weitere Doppelfrage an: *Weißt du nicht? Hast du nicht gehört?* Was vor Augen liegt, ist nur die eine Seite der Medaille, nur die halbe Wahrheit. Die andere Seite, die andere Hälfte zu wissen ist für die Israeliten viel wichtiger. Und sie wissen sie, sie wissen sie längst! Sie ist weniger etwas zum Sehen als zum Hören. Sie betrifft den Gott, den die Angeredeten als den ihren anerkennen, als den, auf den sie angewiesen sind, den sie aber allzuleicht nur nach dem beurteilen, was sie sehen. Und das reicht nicht aus. Denn es handelt sich um den *ewigen Gott, der die Enden der Erde geschaffen hat.* Zeit und Raum sind in seinen Händen, die Vergangenheit und die Zukunft, die entlegensten Orte der Erde. Es gibt darum kein Jahr, keinen Tag, keine Stunde, in denen wir, wo auch immer wir uns befinden, ihm entrückt wären, wo es so wäre, wie die Israeliten hier meinen, daß nämlich unser Weg ihm verborgen ist. Unser Weg ist ihm niemals und nirgends verborgen, sonst wäre er nicht Gott, sondern irgendetwas anderes.

Aber selbst das zugestanden, und die Israeliten müssen es wohl zugestehen, hilft das nicht nur sehr teilweise ihrer Klage ab? Gut: ihr Weg ist vor ihm nicht verborgen, aber bleibt nicht das andere: *mein Recht geht vor meinem Gott vorüber*? Was nützt ihnen und was nützt uns eine Religion und Theologie, die diesen Gott als den Schöpfer und Allwissenden da oben läßt, während unsere Kalamitäten bleiben wie sie sind? Was nützt es uns, wenn er sich in seiner ganzen Allmacht und Allwissenheit nicht wirklich für uns interessiert? Aber kann er, darf er das überhaupt? Interesse an dem einen muß ja doch wohl Desinteresse an den anderen sein, denn in dieser Welt pflegt, wenn die Schleier zerreißen, Interesse gegen Interesse zu stehen. Was Israel sein Recht nennt, nennen andere Unrecht, und mit dem Recht hat Israel es ja seinerseits auch nicht immer genau genommen, sonst säße es jetzt nicht in der Kalamität: auch das war ja Rede der Propheten im Auftrag ihres Gottes. Da hat er offenbar aufgepaßt und eingegriffen, aber jetzt steht er abseits, bleibt stumm, überläßt Israel seinem Geschick, das kein gutes ist. Eine ferne, passive Majestät, aus der aktuellen Rechnung zu streichen. Wir hier, er dort.

Es scheint, als stimme der Prophet ein Stück weit zu. *Sein Verstand ist unausforschlich*, sagt er von Gott. Und an anderer Stelle, mit noch berühmteren Worten: „Meine Gedanken sind nicht eure Gedanken, und eure Wege sind nicht meine Wege, spricht der Herr, sondern so viel der Himmel höher ist als die Erde, so sind auch meine Wege höher als eure Wege und meine Gedanken als eure Gedanken." Wir hören das manchmal bei Begräbnissen, besonders wenn ein Tod unzeitig und unbegreiflich war. Dann sollen diese Worte sagen, daß Gottes Logik eine andere ist als unsere und wir uns damit abfinden müssen. Er dort oben, wir hier unten. Wenn das kein Grund ist, müde zu werden!

Es ist keiner, sagt der Prophet, ganz im Gegenteil! Denn wenn wir so denken, haben wir die Hauptsache überhört. Was dieser Prophet mitteilt, ist nämlich überhaupt keine neutrale Betrachtung von Gott, Welt und Mensch, sondern ist mit einem Wort, das durchaus schon hierhin gehört, Evangelium, gute, erfreuliche, beglückende Nachricht: die Tage des Exils sind gezählt, die Heimkehr wird kommen und wird wunderbar sein, eine Tat dieses Gottes an seinem Volk, das er keineswegs vergessen hat. Daß seine Wege und Gedanken nicht unsere sind, daß sie um Himmelshöhe höher sind als die unseren, heißt in Wahrheit: sie sind so gut, wie wir sie niemals denken und erwarten. Er hält Dinge für uns bereit, mit denen wir nicht gerechnet hätten und die uns in unserer Mutlosigkeit beschämen werden. Er gibt uns Hoffnung. Hoffnung worauf? Vor allem und über allem auf ihn selbst. *Die auf den Herren harren, kriegen neue Kraft* – davor steht noch ein wichtiges *Aber*: *Aber die auf den Herren harren* … Dieses Aber sagt uns: was dieser Prophet mitteilt und was ich uns allen einfach weiterzugeben habe, steht im Gegensatz zu unseren dunklen Wegen und unseren resignierten Gedanken, zu unserer Müdigkeit, zu unserem Stolpern und Fallen – in einem guten, erfreulichen, beglückendem Gegensatz.

Neue Kraft sollen wir bekommen, wenn wir *auf den Herrn harren*, und dann folgt das, zumal in Luthers Übersetzung sehr hoch gegriffene Bild von den Adlern – im hebräischen Urtext meint es wohl nur das Wachsen der Flügel wie bei Adlern, nicht das Fliegen –, und danach das menschlich-normale Laufen und Gehen ohne Mattigkeit und Ermüdung. Das sind Bilder. Natürlich werden wir weiter täglich müde, brauchen wir weiter den Schlaf. Schade, wenn es anders wäre! Aber was Gott von uns nehmen will, ist die böse, die irreguläre Müdigkeit, die Resignation in all unseren kleineren und größeren und richtig großen, babylonisch großen Exilen. Da will er uns diese *neue Kraft* geben, so wie er einst dem ersten Menschen den Atem eingeblasen hat. Unser Text ist durchaus noch ein Pfingsttext!

Wie unser Atem von ihm kommt, so auch diese neue Kraft, die uns nicht in jene böse Müdigkeit fallen läßt. Es ist eine Kraft, die zuerst er selber hat, auf eine Weise, die über all unser Begreifen geht, eben so hoch der Himmel über der Erde ist. *Der Herr, der ewige Gott, der die Enden der Erde geschaffen hat, wird nicht müde noch matt*, sagt noch einmal unser Prophet, und ein Psalm stimmt ihm zu: „Siehe, der Hüter Israels schläft noch schlummert nicht." Es kann für uns zu allen Stunden keinen größeren Trost geben und keine bessere Aufforderung, in den uns gesteckten Grenzen auch unsererseits wach zu sein, anders als die Jünger in Gethsemane, die schliefen, während ihr Herr in harter Anfechtung wachte und betete. Die Aufforderung an uns alle sei zum Schluß noch einmal direkt ausgesprochen mit einem Wort des Paulus, oder richtiger Deuteropaulus, das nun wirklich eine Parole mit Ausrufezeichen ist und überhaupt ein passender Predigtschluß sein dürfte: „Wache auf, der du schläfst!"

Amen.

Ein Brief nach Babylon

Predigt über Jeremia 29,1.4–7.10–14 am 19. Oktober 1986 (21. Sonntag nach Trinitatis) in der Lutherischen Pfarrkirche in Marburg

Dies sind die Worte des Briefes, den der Prophet Jeremia von Jerusalem sandte an den Rest der Ältesten, die weggeführt waren, an die Priester und Propheten und an das ganze Volk, das Nebukadnezar von Jerusalem nach Babel weggeführt hatte:
So spricht der Herr Zebaoth, der Gott Israels, zu den Weggeführten, die ich von Jerusalem nach Babel habe wegführen lassen: Baut Häuser und wohnt darin; pflanzt Gärten und eßt ihre Früchte; nehmt euch Frauen und zeugt Söhne und Töchter, nehmt für eure Söhne Frauen, und gebt eure Töchter Männern, daß sie Söhne und Töchter gebären; mehret euch dort, daß ihr nicht weniger werdet. Suchet der Stadt Bestes, dahin ich euch habe wegführen lassen, und betet für sie zum Herrn; denn wenn's ihr wohlgeht, so geht's auch euch wohl. Denn so spricht der Herr: Wenn für Babel siebzig Jahre voll sind, so will ich euch heimsuchen und will mein gnädiges Wort an euch erfüllen, daß ich euch wieder an diesen Ort bringe. Denn ich weiß wohl, was ich für Gedanken über euch habe, spricht der Herr: Gedanken des Friedens und nicht des Leides, daß ich euch gebe Zukunft und Hoffnung. Und ihr werdet mich anrufen und hingehen und mich bitten, und ich will euch erhören. Ihr werdet mich suchen und finden; denn wenn ihr mich von ganzem Herzen suchen werdet, so will ich mich von euch finden lassen, spricht der Herr, und will eure Gefangenschaft wenden und euch sammeln aus allen Völkern und von allen Orten, wohin ich euch verstoßen habe, spricht der Herr, und will euch wieder an diesen Ort bringen, von wo ich euch habe wegführen lassen.

Liebe Gemeinde!
Das war einmal ein richtiger Brief, geschrieben von Jerusalem nach Babel. Das ist etwas anderes, als wenn heute ein Gastprediger von Göttingen nach Marburg kommt. Jerusalem: gerade noch die Hauptstadt des kleinen Restes, der von dem Doppelstaat Israel-Juda geblieben ist, einstweilen übriggelassen von den Heeren der Assyrer gestern und der Babylonier heute. Babel: das große Babylon, in jeder Hinsicht Zentrum der Welt oder doch des Weltreiches, in dem das kleine Jerusalem morgen verschwinden wird. Die schon nach Babylon deportierten Jerusalemer sind sozusagen die Bürgen, wenn nicht gar Geiseln dafür, daß auch von hier aus nichts mehr gegen den Willen des großen Königs Nebukadnezar geschieht.

An diese Leute schreibt Jeremia seinen Brief, der in dieser Situation doch wohl zwangsläufig mindestens indirekt auch ein politischer Brief sein muß. Politische Briefe kennen wir. Die schreiben sich Reagan und Gorbatschow vor und hoffentlich auch nach ihrem Treffen, und die schreiben sich die vielen kleineren und kleinsten Machthaber, wie es sie bis hinunter nach Marburg und Göttingen in unübersehbarer Fülle gibt. Wie sie kann Jeremia nicht schreiben. Er hat keine Macht wie sie. Aber sein Brief gehört auch nicht in eine Kategorie mit den Leserbriefen, die in manchen Zeitungen fast das Lesenswerteste überhaupt sind: Beiträge und Stellungnahmen zu Fragen, die alle oder doch viele bewegen, aber, so klug und plausibel sie manchmal sein mögen, doch ganz unverbindlich und meist unwirksam, weil keine Macht hinter ihnen steht außer vielleicht der Macht der Vernunft oder der Überredung. Jeremia erhebt den Anspruch, daß hinter seinen Worten eine wirkliche Macht steht. Der Brief beginnt: *So spricht der Herr Zebaoth, der Gott Israels.* Was folgt, soll also mehr sein als Beitrag und Stellungnahme, mehr aber auch als alles, was alle Machthaber in ihre Briefe schreiben können. Denn mag Israel auf einen noch so kleinen Rest geschrumpft sein: sein Gott ist für Jeremia der Herr der Welt und also auch einem Nebukadnezar unter allen Umständen überlegen. Was in seinem Namen gesagt wird, das gilt unbedingt, das soll nicht nur zur Diskussion anregen, sondern verlangt Gehorsam – nicht blinden Gehorsam, aber Gehorsam.

Uns diskutierfreudigen Menschen von heute will das nur schwer eingehen. Den Juden damals in Babylon wollte es auch nur schwer eingehen, aber weniger wegen Diskutierfreudigkeit als darum, weil sie auch noch andere Propheten hatten, die im Namen des gleichen Gottes zu ihnen redeten, und weil ihnen deren Worte viel besser gefielen. Die sagten nämlich: euer Exil wird nicht lange dauern, es ist nur ein Betriebsunfall, der bald behoben sein wird, und dann kommt ihr wieder nach Hause; ihr braucht euch hier nicht auf längere Dauer einzurichten. Das ließen sich die Exulanten natürlich nicht zweimal sagen oder richtiger: sie ließen es sich immer wieder sagen und freuten sich darüber und waren ständig auf dem Sprung, ihre Zelte abzubrechen.

Für Jeremia waren diese Propheten Träumer, aber keine von der liebenswerten Sorte. Sie hatten Wunschträume, und die gaben sie für die Wahrheit aus, für die göttliche Wahrheit sogar. Aber damit wiegten sie die Leute nur in Illusionen. Der legitime Prophet verkündet nicht seine Träume, es seien Wunsch- oder auch Albträume, sondern sieht nüchtern der Realität ins Auge. Wobei Nüchternheit allein noch längst nicht den Propheten macht! Sein Ausgangspunkt ist ja ein ganz anderer, die Gottesgewißheit, die „hinreißend ist und höher als alle Vernunft".

Dies beides sollten wir uns wohl alle wünschen: Gottesgewißheit und Nüchternheit, eins nicht ohne das andere und beide nicht im Widerspruch gegeneinander. Beide werden uns auch davor bewahren, uns selber für Propheten zu halten oder anderen zu glauben, daß sie es sind, uns also davor bewahren, Gewissen zu vergewaltigen oder unser Gewissen vergewaltigen zu lassen. Keiner von uns kann wie Jeremia sagen: *So spricht der Herr.* Wo es jemand tut, ist äußerstes Mißtrauen am Platz. Was ja nicht heißt, daß wir nicht, gerade in politischen Fragen, aufeinander hören sollen! Und was noch weniger heißt, daß wir nicht genau zur Kenntnis nehmen sollen, was ein für unseren Glauben legitimer Prophet seiner Zeit zu sagen gehabt hat!

Jeremia hielt das Positive, das die anderen Propheten sagten, für verderblich. Aber er hatte den Exulanten etwas noch viel Positiveres zu sagen. Zunächst in einer Reihe von Imperativen, die ganz konkret zu einem bestimmten Handeln auffordern: *Baut Häuser und wohnt darin; pflanzt Gärten und eßt ihre Früchte; nehmt euch Frauen* ... Also: lebt normal, gerade im Exil! Richtet euch ein, häuslich im buchstäblichen Sinn! Und richtet euch für längere Zeit ein, für Generationen! Ja noch mehr: *Suchet der Stadt Bestes und betet für sie*. Die Stadt ist Babylon, ihr Bestes ist das Wohl der Unterdrücker, das Gebet für sie ein Gebet für Feinde. Was in Luthers Übersetzung *das Beste* heißt, heißt im hebräischen Text *Schalom*, der Zustand also, wo rundum Gerechtigkeit und Frieden herrschen, wo alles in Ordnung ist, es allen so gut geht, wie es ihnen zukommt. Danach sollen die exilierten Juden zugunsten Babylons *suchen*, also nicht nur nicht dagegen opponieren, aktiv oder passiv, sondern darüber nachdenken, sich darum bemühen, etwas dafür tun – was den meisten bestimmt nicht leichtgefallen ist.

Merkwürdig, wie an einer solchen Stelle mitten im Alten Testament schon einmal die scharfe Grenze zwischen Israel und Nichtisrael relativiert erscheint, die Grenze, die doch erst das Neue Testament wirklich durchlässig gemacht, ja auf weite Strecken niedergelegt hat. Das Motiv dafür ist hier ein doppeltes.

Einmal etwas, was man fast Utilitarismus nennen kann: *wenn's ihr wohlgeht* (der Stadt Babylon), *so geht's euch auch wohl*, hebräisch: *in ihrem Schalom liegt für euch Schalom, auf ihrem Schalom beruht euer Schalom*. Euer Schade soll's also nicht sein, wenn ihr für das Wohl auch der Fremden arbeitet und eintretet, ihr werdet selbst Nutzen davon haben; andernfalls würdet ihr höchstens den Ast absägen, auf dem ihr eben noch sitzt. Das ist nicht gerade kantianisch gedacht, aber doch auch nicht ohne Vernunft und Verantwortung. Ich brauche analoge Situationen nicht auszumalen. Jeder von uns kennt sie, und es hat sie noch nie in so großem Maßstab und so entscheidungsschwer gegeben wie heute. Wir dürfen wissen: wenn wir dabei mit Vernunft und Verantwortung den Nutzen und die Folgen auch für uns selbst bedenken, haben wir den Propheten Jeremia nicht gegen uns.

Aber hinter der positiven Mahnung steht noch etwas anderes, und es ist wichtiger, nämlich das Wissen von Gottes Handeln an den Exulanten, den Adressaten des Briefes. Von dort her denkt der Prophet, von dort her möchte er auch sie denken und handeln sehen, nein: von dort *befiehlt* er ihnen zu denken und zu handeln; von dort her, also in der Konsequenz von Gottes Handeln an uns Menschen und der Welt möchte die ganze Bibel auch uns denken und handeln sehen, befiehlt sie es auch uns.

Babylon heißt hier: *die Stadt, dahin ich euch habe wegführen lassen.* Daß ihr in dieser Umgebung sein müßt, hat also kein blindes Verhängnis bewirkt, sondern der klare Wille dessen, der durch Jeremia redet. Und dieser Wille ist nicht ungerecht. Die Propheten hatten das, was jetzt geschehen ist, seit langem als die göttliche Reaktion auf all das angekündigt, was in Israel geschah und trotz aller Warnungen und Mahnungen nicht aufhörte. Es herrschte kein Schalom, obwohl es sogar Propheten gab, die das Gegenteil behaupteten. Die Folgen liegen nun klar zutage, und obwohl es wiederum die anderen Propheten gibt, sagt Jeremia unerbittlich und klar: ihr müßt jetzt eure Suppe auslöffeln. Es gibt eine Verantwortung sogar über Generationen hinweg, und die habt ihr zu tragen. Die damaligen Juden haben sich gegen diese Wahrheit gewehrt mit einem ironisch-resignierten Sprichwort, das hier bei Jeremia zwei Kapitel weiter zu lesen steht: „Die Väter haben saure Trauben gegessen, und den Kindern sind die Zähne stumpf geworden." Dieses Sprichwort, mag es als Anklage des Geschichtsverlaufs noch so richtig sein, kann doch Gott nicht als ungerecht erweisen. Denn was er jetzt tut, ist nicht alles.

Über seinem Tun insgesamt steht vielmehr der zentrale Satz unseres Textes: *Ich weiß wohl, was ich für Gedanken über euch habe: Gedanken des Friedens und nicht des Leides, daß ich euch gebe Zukunft und Hoffnung.* Frieden, das ist wieder der Schalom; der Gegenbegriff, von Luther mit *Leid* übersetzt, bedeutet umfassend das Übel, das Böse. *Gedanken des Heils und nicht des Unheils,* so hat man auch übersetzt. Gottes Gedanken über uns sind positiv, nicht negativ, sie sind das Positive schlechthin. Das vergessen wir immer wieder in unseren vielerlei Exilsexistenzen, aber Gott selbst vergißt es nicht: *Ich weiß wohl, was ich für Gedanken über euch habe.* Auch wenn wir es nicht wissen, er weiß es, und wir können uns darauf verlassen, daß er es weiß. Einen größeren Trost als diesen kann es für uns nicht geben. Was Er denkt, ist ja auch darum ganz anders als das, was wir denken, weil er die Macht hat, es auszuführen. Bei ihm sind Denken und Tun nicht zweierlei, sondern eins. Was er denkt, ist Wirklichkeit.

Freilich eine Wirklichkeit, die wir oft genug nicht sehen und an die zu glauben bitter schwer sein kann. Unser Text nennt sie *Zukunft und Hoffnung*, im heutigen Jargon würden wir von der langfristigen Perspektive sprechen im Unterschied zur kurzfristigen, für die Jeremia nichts anderes anzukündigen hat als die Fortdauer des Exils. Die erhoffte Zukunft soll nach 70 Jahren beginnen, dann wird das Exil zu Ende sein, dann werden die Juden wieder nach Jerusalem zurückkehren. Nach 70 Jahren hat es tatsächlich eine solche Rückkehr gegeben, immerhin. Aber daß die Leiden Israels damit zu Ende gewesen wären, wird niemand behaupten wollen. Vielmehr taugt für den Hauptteil dessen, was seitdem geschah, immer noch der Begriff Exil, symbolisch und auch ganz wörtlich. Zukunft und Hoffnung sind bis heute weitgehend Zukunft und Hoffnung geblieben, und es steht kaum in Aussicht, daß das jemals völlig anders wird. Dabei finden sich Zukunft und Hoffnung im heutigen Israel immer noch mehr als sonst in der Welt. Bei vielen, gerade jungen Menschen, die dorthin reisen, sieht es so aus, als wollten sie sich davon anstecken lassen und dadurch einen Schwung gewinnen, den sie hier im alten Europa nicht so recht gewinnen können.

O quae mutatio rerum! ist man versucht zu sagen. Noch vor 15 oder 20 Jahren standen Zukunft und Hoffnung bei uns hoch im Kurs, waren in den Universitäten und dort auch in der Theologie, die ja nie zurückbleiben will, geradezu die große Mode. Das hat sich nicht ohne handfeste Gründe geändert, bis hin zu einer tiefen Resignation, in die viele unter uns und gerade viele Studenten heute zu fallen drohen. Der Brief des Jeremia scheint mir dazu dreierlei zu ergeben.

1. Wir sollten uns bemühen, nicht Träumen zu folgen, es seien eigene oder fremde, es seien Wunsch- oder Albträume, sondern unter allen Umständen nüchtern zu sein – was ja Leidenschaft und Begeisterung nicht ausschließt! Die Universität ist der richtige Ort, das einzuüben. Wenn sie es nicht tut, verfehlt sie ihre Bestimmung.

2. Wir sollten immer wissen, daß Gott weiß, was er für Gedanken über uns hat, nämlich *Gedanken des Friedens und nicht des Leides*, und daß er noch nicht abgedankt hat und das auch in Zukunft nicht tun wird.

3. Wir sollten nicht meinen, daß wir unsererseits gar nichts tun können. Von der Aufforderung des Jeremia, gerade in der äußeren und inneren Misere ein ganz normales Leben zu führen, war schon die Rede, und auch von seiner Aufforderung, das Beste der Stadt zu suchen, der fremden Stadt sogar, und dafür zu beten. Aber natürlich auch für sich selber sollen sie beten, und das wird nicht umsonst sein: *Ihr werdet mich anrufen und hingehen und mich bitten, und ich will euch erhören.* Und dann kommt, sachlich kaum scharf davon getrennt, noch einmal das Wort *Suchen*, dessen Gegenstand eben das Beste der Stadt war. Nun geht es auf Gott selbst: *Ihr werdet mich suchen und finden; denn wenn ihr mich von ganzem Herzen suchen werdet, so will ich mich von euch finden lassen und will eure Gefangenschaft wenden.*

Liebe Marburger Studenten aus allen Semestern! Das Studium, das wir alle in diesen Tagen wieder neu beginnen, hat seinen Reiz und seine Würde vor allem darin, daß es – hoffentlich! – ein immer neues Suchen ist, dem wenigstens hin und wieder das Glück des Findens folgt. Ich wünsche Ihnen für das neue Semester möglichst viel von diesem Glück. Ich bin sicher, neben dieser Ihrer gegenwärtigen Hauptaufgabe werden Sie die andere Aufgabe nicht aus den Augen verlieren, der Sie sich in Ihrem weiteren Leben widmen sollen und mit der auch unser wissenschaftliches Suchen und Finden immer in einem direkten oder indirekten Zusammenhang steht: die Suche nach dem Wohl der Stadt, der eigenen und der fremden Stadt, der Umgebung aller Städte, unserer ganzen Welt – und hinter und über dem allen die Suche nach dem, der diese Welt mit allen ihren Städten regiert hat, regiert und regieren wird und dessen Gedanken, über uns Gedanken des Friedens sind und nicht des Leides. Möchten seine Gedanken für uns alle nicht nur ferne Dunstgebilde sein, sondern nahe, gegenwärtige Wirklichkeit, auch im Leben und Arbeiten des Wintersemesters 1986/87.

Amen.

Die Grenze der Gewalten

Predigt über Daniel 7,1–15 am 19. Mai 1977 (Christi Himmelfahrt) in der St. Johanniskirche in Göttingen

Im ersten Jahr Belsazars, des Königs von Babel, hatte Daniel einen Traum und Gesichte auf seinem Bett; und er schrieb den Traum auf, und dies ist sein Inhalt: Ich, Daniel, sah ein Gesicht in der Nacht, und siehe, die vier Winde unter dem Himmel wühlten das große Meer auf. Und vier große Tiere stiegen herauf aus dem Meer, ein jedes anders als das andere. Das erste war wie ein Löwe und hatte Flügel wie ein Adler. Ich sah, wie ihm die Flügel genommen wurden. Und es wurde von der Erde aufgehoben und auf zwei Füße gestellt wie ein Mensch, und es wurde ihm ein menschliches Herz gegeben. Und siehe, ein anderes Tier, das zweite, war gleich einem Bären und war auf der einen Seite aufgerichtet und hatte in seinem Maul zwischen seinen Zähnen drei Rippen. Und man sprach zu ihm: Steh auf und friß viel Fleisch! Danach sah ich, und siehe, ein anderes Tier, gleich einem Panther, das hatte vier Flügel wie ein Vogel auf seinem Rücken, und das Tier hatte vier Köpfe, und ihm wurde große Macht gegeben. Danach sah ich in diesem Gesicht in der Nacht, und siehe, ein viertes Tier war furchtbar und schrecklich und sehr stark und hatte große eiserne Zähne, fraß um sich und zermalmte, und was übrigblieb, zertrat es mit seinen Füßen. Es war auch ganz anders als die vorigen Tiere und hatte zehn Hörner. Als ich aber auf die Hörner achtgab, siehe, da brach ein anderes kleines Horn zwischen ihnen hervor, vor dem drei der vorigen Hörner ausgerissen wurden. Und siehe, das Horn hatte Augen wie Menschenaugen und ein Maul; das redete große Dinge. Ich sah, wie Throne aufgestellt wurden, und einer, der uralt war, setzte sich. Sein Kleid war weiß wie Schnee und das Haar auf seinem Haupt rein wie Wolle; Feuerflammen waren sein Thron und dessen Räder loderndes Feuer. Und von ihm ging aus ein langer feuriger Strahl. Tausendmal Tausende dienten ihm, und zehntausendmal Zehntausende standen vor ihm. Das Gericht wurde gehalten, und die Bücher wurden aufgetan. Ich merkte auf um der großen Reden willen, die das Horn redete, und ich sah, wie das Tier getötet wurde und sein Leib umkam und ins Feuer geworfen wurde. Und mit der Macht der andern Tiere war es auch aus; denn es war ihnen Zeit und Stunde bestimmt, wie lang ein jedes leben sollte. Ich sah in diesem Gesicht in der Nacht, und siehe, es kam einer mit den Wolken des Himmels wie eines Menschen Sohn und gelangte zu dem, der uralt war, und wurde vor ihn gebracht. Der gab ihm Macht, Ehre und Reich, daß ihm alle Völker und Leute aus so vielen verschiedenen Sprachen dienen sollten. Seine Macht ist ewig und vergeht nicht, und sein Reich hat kein Ende. Ich, Daniel, war entsetzt, und dies Gesicht erschreckte mich.

Liebe Gemeinde!
Wir können wohl verstehen, daß Daniel über diesen Traum erschrocken war. Es war ein Albtraum, wie ihn jeder träumen kann, wenn er krank ist oder Sorgen oder einfach einen zu vollen Magen hat. Wir sehen und hören dann Unangenehmes, Scheußliches, Gefährliches und sind froh, wenn wir richtig aufgewacht sind und die Sache schnell vergessen. Daniel vergißt nicht, was er geträumt hat. Er schreibt es auf und bewahrt es für alle Zeiten, denn es gilt für alle Zeiten. Es ist ja auch kein gewöhnlicher Albtraum, der wirr ist und keinen Zusammenhang hat und in dem höchstens die Tiefenpsychologen einen klaren Sinn entdecken können. Nein, was Daniel geträumt und aufgeschrieben hat, hängt klar zusammen und hat einen klaren Sinn, den er sich hinterher erklären lassen kann.

Die vier Fabeltiere, die da aus den Meer steigen, eins merkwürdiger und gewaltiger und gräßlicher als das andere, bedeuten die Weltreiche, denen die Juden unterworfen waren, seit der Babylonierkönig Nebukadnezar Jerusalem zerstört und einen großen Teil seiner Bewohner in die babylonische Gefangenschaft geführt hatte. Seitdem lebten die Juden innerhalb und außerhalb Palästinas unter fremder Herrschaft, die manchmal drückend war, manchmal auch weniger drückend, aber im ganzen doch empfunden werden mußte wie in diesem Traum: als etwas Grausames, Ungerechtes, Widernatürliches, etwas, das gegen Gottes Plan mit diesem seinem Volk ging – um so mehr, je absoluter und frecher sich die fremden Mächte mit ihren großen und kleinen Königen aufführten. Und so stellt sich der Traum Daniels vor, wie Gott diesem ganzen Unwesen ein Ende macht. Er hält Gericht auf seinem großen Thron auf Feuerflammen, vor dem ihm Tausende und Zehntausende dienen, er läßt die Bücher öffnen, in denen alles verzeichnet ist, das letzte Tier wird getötet und ins Feuer geworfen, und mit der Macht der anderen Tiere ist es auch aus; *denn es war ihnen Zeit und Stunde bestimmt, wie lang ein jedes leben sollte.* Und dann kommt eine neue Herrschaft. Aber die ist keine Fremdherrschaft. Gott überträgt *Macht, Ehre und Reich*, oder sagen wir „das Reich und die Kraft und die Herrlichkeit" an einen, der *mit den Wolken des Himmels kommt* und aussieht *wie eines Menschen Sohn*, wie ein Mensch. Ihm sollen alle dienen, ohne eine Grenze in Raum und Zeit.

Die damaligen Juden haben wohl gemeint, und so hat sich anscheinend auch Daniel den Traum erklären lassen, daß diese Herrschaft ihre eigene sein würde: sie würden nun nicht mehr anderen unterworfen sein, sondern selbst in Gerechtigkeit die Welt regieren, als Gottes Auserwählte und Heilige, in seinem Dienst, in seinem Sinn. Wir wissen, daß das nicht eingetreten ist. Kaum ein Volk hat seitdem weiter so viel Fremdherrschaft über sich gehabt wie die Juden, die immer wieder meinen konnten, mit den vier Tieren sei es noch keineswegs vorbei, und die das wahnsinnige Reden und Handeln jenes letzten Horns auf dem vierten Tier mit den Menschenaugen und dem Maul immer wieder vor sich sehen mußten. Und doch ist das nicht richtig, mögen die Juden und mögen auch wir noch so viel von diesen vier Tieren erlebt haben und erleben, mögen sie uns noch so bekannt vorkommen, im Traum und in der Wirklichkeit. Das entscheidende Ereignis, das der Traum Daniels erwartet, ist nämlich schon geschehen. Die Übergabe der Herrschaft hat stattgefunden. *Macht, Ehre und Reich* sind einem Menschensohn, einem Menschen übergeben worden, und auf diesen Menschen kann sich kein Volk, keine Gruppe, Partei, Klasse, Hautfarbe und so weiter mit größerem Recht berufen als eine andere. Diese Herrschaftsübergabe ist das Ereignis, das wir am Himmelfahrtstag feiern. Sie ist wirklich ein Ereignis zum Feiern. Daniel erschrak über seinen Traum. Wir brauchen, so wie wir ihn nach der Himmelfahrt Jesu Christi verstehen dürfen, nicht mehr zu erschrecken. Er ist kein Albtraum mehr.

Aber wir haben ja noch Albträume, und wir haben sie nicht ohne Grund. Denn so etwas wie die vier Tiere in Daniels Traum gibt es ja wirklich noch. Jesus Christus hat die Herrschaft. Aber die Welt, über die er herrscht, sieht der Welt Daniels zum Verwechseln ähnlich. Was bedeutet dann seine Herrschaft? Ist Himmelfahrt dann nicht doch nur höchstens ein halber Grund zum Feiern? Wir wollen versuchen, dem ein wenig nachzudenken, indem wir die vier Tiere Daniels etwas anders verstehen, als sie damals gemeint waren, nämlich als die menschliche Macht, die Sorge, die Schuld und den Tod.

Das erste Tier, die menschliche Macht: sie ist es, die Daniel ja sogar mit allen vier Tieren im Auge hatte. Es gibt sie heute, wie es sie damals gab. Nebukadnezar war nicht einmal der Schlimmste, und seine Nachfolger auch nicht. Was *das kleine Horn mit Augen wie Menschenaugen und dem Maul, das große Dinge redet*, angeht, haben wir noch vor einer Generation einen Anschauungsunterricht bekommen, der seinesgleichen sucht. Aber sucht er nur seinesgleichen, findet er es nicht auch? Vielleicht gibt es keinen neuen Adolf Hitler, aber es gibt auf vielen Ebenen, nicht nur in der halb hohen und ganz hohen Politik, erschreckende Beispiele von Macht, die sich absolut setzt und nicht nur die anderen Mächte bekämpft, sondern auch die Menschen, die ihr selbst anvertraut sind, zynisch verachtet und mit Füßen tritt. Und wie verhalten wir uns demgegenüber? Vielleicht machen wir mit, vielleicht leisten wir Widerstand, vielleicht verschließen wir die Augen, vielleicht lassen wir uns die Begriffe verwirren und uns einreden, Freiheit sei gar nicht Freiheit, Diktatur nicht Diktatur, Mord nicht Mord, vielleicht lassen wir uns gegen das Minimum von

Macht, das es auf dieser Erde geben muß, aufbringen zugunsten von Bewegungen, die behaupten, keine solche oder eine viel bessere Macht zu bringen, und die damit uns und vielleicht auch sich selbst betrügen. Wie wir uns auch verhalten, unsere Freiheit ist immer bedroht und beschränkt, wir sind „ohnmächtig" den Mächten und der Macht ausgeliefert, einzeln und zusammen, müssen sehen, wie die Welt ganz anders gelenkt wird, als es richtig wäre, und vielleicht leiden wir daran oder leiden wir auch darunter, auch dort, wo die Regierung keine Diktatur ist, und bei uns ist sie allen gegenteiligen Behauptungen zum Trotz alles andere als eine Diktatur. Zu alledem sagt uns Himmelfahrt: mag das so aussehen oder auch so sein, *Macht, Ehre und Reich* sind in Wahrheit in guten Händen. Den Mächten hier ist eine Grenze gesetzt, über die sie nicht hinauskommen. Die großen und die kleinen Tiere und Hörner werden nie auf die Dauer die Herrschaft über die ganze Welt gewinnen, sondern immer ins Feuer geworfen werden. Die Macht ohne Grenzen in Raum und Zeit hat nur einer, und er regiert auch jetzt.

Und dann ist da das zweite Tier aus dem Meer, das wir die Sorge nennen. Die Sorge ist auch eine Herrscherin, versteckter und verdeckter als die großen Mächte und Gewalten, aber kaum weniger wirksam und gefährlich. Der eine kennt sie mehr, der andere weniger, keinem bleibt sie ganz fremd, außer wenn er völlig gedankenlos ist – und gerade dann überfällt sie ihn eines Tages so, daß er sich kaum gegen sie wehren kann. Sie hat viele Gestalten, von der vorübergehenden, schnell weggeblasenen Anwandlung bis zur nackten Angst, die auf die Dauer das Leben zerstört. Und für jeden gibt es Grund genug zur Sorge. Kaum etwas von dem, was wir haben, ist ganz ungefährdet, kaum etwas unzerbrechlich: Gesundheit, Ehe, Freundschaft, Arbeitsplatz, Umwelt, Frieden, Freiheit – unser ganzes Leben und erst recht, mag es uns auch weniger beschäftigen, das der Generationen nach uns. Wenn wir uns das klarmachen, und fast jede Zeitungsnummer und jeder Fernsehabend machen uns etwas davon klar, dann können wir von Tieren träumen, die so scheußlich sind wie die Tiere in Daniels Traum, und diese Tiere verschwinden nicht, wenn wir aufgewacht sind. Wir sind aufgerufen, diese Tiere zu bekämpfen, etwas dafür zu tun, daß das Leben ungefährdeter und sicherer wird, und wir können auch einiges erreichen, können auch mit Ruhe und Vernunft gegen die Sorge angehen und sie wenigstens etwas kleiner machen. Aber besiegen können wir sie nicht, mit unseren Mitteln nicht. Sie steht immer wieder auf und setzt uns zu, an den Stellen, wo wir sie schon kennen, oder auch ganz woanders. Oft bleibt uns nur die Flucht in die Gleichgültigkeit, in das Vergessen, in die Illusion, in den Rausch, je nach Temperament und Möglichkeiten. Etwas von dieser Flucht steckt wohl auch in den lautstarken Landpartien am sogenannten Vatertag. Und das ist ein großes Mißverständnis dieses Tages, der uns ja sagen will: Jesus Christus hat die Herrschaft übernommen, die ohne Grenze und Ende ist, also auch die Herrschaft über unsere Gesundheit, unsere Ehen, unsere Freundschaften, unsere Arbeitsplätze, unsere Umwelt, unseren Frieden, unsere Freiheit, unsere Zukunft und die unserer Kinder. Und kraft dieser seiner Herrschaft gilt für uns: Sorget nicht, werft die Sorge weg, richtiger: „Alle eure Sorge werfet auf ihn, denn er sorget für euch!"

Das dritte Tier nennen wir die Schuld. Die Schuld können wir, wenigstens die meisten von uns, nicht alle, in der Regel leichter verdrängen als die Sorge. Sie scheint uns nicht so direkt zu betreffen und zu bedrohen, scheint keine solche Allgegenwart und Gewalt zu haben, scheint längst nicht immer eingeklagt zu werden, scheint in vielen Fällen folgenlos und also nur halb so schlimm zu sein. Und so sind wir geneigt, sie auf die leichte Schulter zu nehmen. Wo wir sie überhaupt sehen, halten wir uns oft schnell für entschuldigt durch Milieu und Umstände, Kindheit und Gesellschaft, und diese Entschuldigung billigen wir auch anderen zu, theoretisch wenigstens – praktisch nur dann, wenn sie nicht unsere Feinde sind oder uns nicht sonst auf die Nerven gehen. Es ist erstaunlich und erschreckend, wie wenig heute sogar die Theologie von der Schuld zu sagen weiß. Gott ist ihr oft nur noch nebenbei der, den wir mit unserer Schuld, unserer Sünde treffen und beleidigen, ja den wir in der Gestalt Jesu von Nazareth umgebracht haben – und der uns sogar dies vergibt, ja gerade hier seine endgültige Gemeinschaft mit uns hergestellt und besiegelt hat. Nirgends zeigt sich so wie hier, daß unsere Schuld entsetzlich groß und entsetzlich schwer ist, so schwer, daß wir sie nicht tragen können, gleichgültig ob wir das jeder für seine eigene Schuld in seinem eigenen Leben mit dem Nächsten und mit Gott wahrhaben wollen oder nicht. Es ist wahr, und wenn wir nicht ganz abgestumpft sind, wissen wir das auch. Aber auch das dritte Tier herrscht nicht mehr, es wird wie die anderen ins Feuer geworfen. Der Mann am Kreuz hat uns die Schuld abgenommen, die wir glaubten auf die leichte Schulter nehmen zu können, die aber doch so schwer ist, daß wir sie nicht tragen können.

Und schließlich das vierte Tier, der Tod. Selbst wenn wir glauben, wir könnten der Menschenmacht, der Sorge und der Schuld standhalten oder entgehen, ihm können wir nicht standhalten, ihm können wir nicht entgehen. Seine Macht steht hinter und über allen Mächten, mit denen wir es sonst zu tun haben, sie sind ihm verfallen, wie wir ihm verfallen sind. Wir kommen ihm jeden Tag einen Tag näher, ohne doch zu wissen, wann es soweit ist und wie es sein wird. Mag es so sein, und wir hoffen das, daß der Tod uns als Freund kommen wird – wir wissen es nicht, und zu unseren Sorgen gehört doch wohl auch als eine der größten, daß wir fürchten, er werde nicht als Freund kommen. Denn der Tod ist ja nun einmal der Hauptfeind des Lebens, und in dem Kampf, den beide kämpfen, wird er bestimmt der Sieger sein. Wir stehen hier auf verlorenem Posten und merken das an vielen Zeichen. Nicht jedem ist es gegeben, die Teilsiege des Lebens in dessen Rückzugsgefechten nicht nur als Niederlagen und als Vorboten des unausweichlichen Endes zu empfinden. Aber es gibt hier auch eindrucksvollen, heroischen Kampf, und es gibt nicht weniger eindrucksvolles Sich-Fügen. Doch mehr als beides gibt es hier wie angesichts jener anderen Mächte die Flucht und das Verschließen der Augen, womit nichts geholfen ist. Wir können hier nur unsere letzte, totale Ohnmacht sehen und tun gut, uns darüber nicht zu täuschen – insgeheim tun wir das wohl auch nicht. Aber nun lautet die Botschaft von Himmelfahrt kraft der Botschaft von Ostern – beide Feste hängen ja eng miteinander zusammen – in ihrem letzten und wichtigsten, wunderbarsten Teil: daß die Macht, die jenem einen Menschen damals übertragen wurde, keine Grenze hat, das gilt auch von der größten, unüberwindlichsten, undurchdringlichsten, unheimlichsten Grenze, dem Tod. Über und hinter dem Tod steht für uns Jesus Christus.

Liebe Gemeinde, das ist es, was wir an Himmelfahrt zu hören und zu sagen haben: sogar über und hinter dem Tod steht für uns Jesus Christus, und so auch über den anderen Gewalten, die, wenn auch nicht so mächtig wie der Tod, doch über uns herrschen oder zu herrschen scheinen. Uns ist nicht gesagt, diese Gewalten seien nur halb so mächtig und halb so schlimm. Nein, die Menschenmacht, die Sorge, die Schuld und der Tod sind und bleiben, was sie sind, und werden uns weiter Albträume machen und wir werden sie nicht besiegen können. Aber seit die Herrschaftsübertragung von Himmelfahrt stattgefunden hat, sind sie nicht mehr das Letzte, sondern nur noch das Vorletzte. Das Gericht über sie ist gehalten, die Bücher über sie sind gelesen, die Kämpfe, die sie noch führen, sind Rückzugsgefechte. Uns erscheint es immer wieder umgekehrt, wir sehen diese Tiere und sehen nicht ihn, der schon in die Herrschaft eingesetzt ist. Wir haben noch Angst. Der Herr, unser wahrer und legitimer Herrscher, weiß das und beschimpft uns deswegen nicht. Er sagt: „In der Welt habt ihr Angst.“ Doch er fügt hinzu: „Aber seid getrost, ich habe die Welt überwunden.“ Er hat sie für uns überwunden, und er hat uns angewiesen, in seinem Namen für uns und alle Menschen zu bitten: „Dein Reich komme!“

Amen.

Gestern, heute und in Ewigkeit

Predigt über Hebräer 13,8 am 17. Mai 1998 (Rogate) in der Reformierten Kirche in Göttingen zur Goldenen Konfirmation

> *Jesus Christus gestern und heute und derselbe auch in Ewigkeit.*

Liebe Gemeinde!
Mit der Wahl dieses Predigttextes habe ich keine besondere Phantasie bewiesen. Er ist einfach mein Konfirmationsspruch und hat also für mich Anteil an dem Jubiläum, das wir heute feiern. Ich habe keine Ahnung, ob damals Pastor Kamlah jedem und jeder von uns seinen oder ihren Spruch extra ausgesucht hat, weil er meinte, daß er gerade zu ihm oder ihr paßte, glaube auch nicht, daß diese Sprüche immer eine tiefsinnige Spezialbedeutung für die haben müssen, denen sie zugedacht werden, und fürchte sogar, daß längst nicht alle von uns ihren Spruch noch auf Anhieb zusammenbekommen würden. Trotzdem kann ich, was mich betrifft, feststellen: ich war damals, am 30. März 1947, auf meinen Spruch gespannt und habe mich dann, als er gesagt wurde, über ihn gefreut. Diese Freude hat sich in späteren Zeiten nie ganz verloren. Es könnte an ihr beteiligt gewesen sein, und sie könnte daran beteiligt gewesen sein, daß ich – was damals nicht abzusehen war – ein Theologe wurde. Kaum irgendwo sonst ist die Grundlage und die Grundaussage der christlichen Theologie derart kurz und bündig zusammengefaßt. Aber es soll ja heute morgen nicht um mich gehen und nicht um Theologie, sondern um uns alle und darum, was diese genau zehn Wörter uns zu sagen haben: *Jesus Christus gestern und heute und derselbe auch in Ewigkeit.*

Gestern und heute: das sind schon gleich Jubiläums-Stichworte. Wir denken heute an ein schon ziemlich fernes Gestern, ein Gestern, das fünfzig (oder einundfünfzig) Jahre zurückliegt, also ein Vorvorvorgestern. Bei der Konfirmation der einen von uns war der Krieg ziemlich genau zwei Jahre her, bei der der anderen ziemlich genau drei Jahre. Wir haben ihn alle noch bewußt erlebt, und in irgendeiner Weise hat uns dieses Erlebnis sicher alle geprägt. Andererseits waren wir von dem begünstigt, was jemand die Gnade der späten Geburt genannt hat: zwar hatten wir noch ein, zwei Jahre braune Hemden oder weiße Blusen getragen, aber wir waren zu jung, um unmittelbar an der entsetzlichen Schuld teilzuhaben, mit der Deutschland sich belastet hatte. Wir – die Jungen unter uns – brauchten auch nicht mehr Flakhelfer oder Soldaten zu sein, und als dann später die Bundeswehr kam, waren wir für den Wehrdienst oder seine Verweigerung schon zu alt: weiße Jahrgänge, Glück gehabt, in dieser Beziehung wenigstens. 1947/48, die Zeit unserer Konfirmation, das hieß Reichsmark, Lebensmittelkarten, Schlangestehen, Tauschzentralen, Schwarzer Markt, Wohnungsnot, Militärregierung, Zonengrenzen, Vermißtensuche, Heimkehrer, Übriggebliebene – die vielen Unnormalitäten, die aber doch auch so viel Phantasie und Improvisationskunst freisetzten, wie es sie selten gegeben hat, und so viel Hilfsbereitschaft.

Nach 1947/48 kam die wirkliche oder scheinbare Normalität. Wir gingen damals auseinander, gingen seitdem unsere eigenen Wege, sehr verschiedene Wege, manche ganz bald auf eigenen Füßen, andere noch lange nicht, einige vielleicht bis heute nicht so ganz richtig – oder nicht *mehr* so ganz richtig. Auf diesen Wegen gab es Entscheidungen und Weichenstellungen, die sich als richtig oder als falsch herausgestellt haben, die unser Glück oder auch unser Pech waren, manchmal vielleicht auch richtig unser Unglück. Wir haben sie bewußt und aktiv vollzogen, vielleicht haben sie sich auch eher einfach so ergeben, manchmal haben wir sie vielleicht zunächst gar nicht richtig bemerkt. Als ich Pastor Kamlah zum letzten Mal besuchte, nicht lange vor seinem Tod – er verehrte mir damals das etwas verschlissene Bäffchen, das ich heute trage –, sagte er mit heiterem Lächeln: „Als wir heirateten, habe ich zu meiner Frau gesagt: in allen wichtigen Fragen entscheide ich, in allen unwichtigen Fragen entscheidest du. Gottlob, es hat in unserem Leben nur unwichtige Fragen gegeben.“ Der Mann hatte Lebensart.

Wir sind noch nicht so alt, wie Pastor Kamlah damals war, und mit unserer Lebensart dürfte es ziemlich verschieden bestellt sein. Aber wir alle kommen doch wohl in diesen Jahren stärker ins Rückblicken. Es gibt für uns mehr als früher ein Gestern, das sich vom Heute unterscheidet. Die berufliche Tätigkeit ist zu Ende, die Kinder sind ausgeflogen, die endgültigen Abschiede mehren sich. Manchen gelingt es, aus dem Heute etwas zu machen, das ein Morgen hat – als tüchtige Großeltern oder sonst in nützlichen und sinnvollen Tätigkeiten, zum Beispiel indem der Chirurg sich in einen Tischler verwandelt oder indem man anfängt zu studieren, in der „Universität des dritten Lebensalters", wo ich in den letzten Jahren eine ganze Reihe von sympathischen und interessierten Erst- und Zweitsemestern im Alter von 60 oder 70 Jahren kennengelernt habe. Glücklich, wem so etwas noch gelingt! Nicht allen von uns ist es gegeben, so richtig glücklich zu sein, auch nicht allen ist es gegeben, so richtig dankbar zu sein. Möchten sich unter uns doch möglichst viele befinden, bei denen im Rückblick auf diese fünfzig Jahre die Dankbarkeit vorherrscht und die immer noch, ja vielleicht jetzt ganz neu glücklich sein können!

Und nun denken wir an dies alles in der Kirche, in der Reformierten Kirche in Göttingen. Ein alter Großonkel von mir – er fabrizierte Seife – pflegte, wenn er mit seinen Neffen durch seine westfälische Kleinstadt ging, auf die Kirche zu zeigen und zu sagen: „Chunge, Chunge, sseit meiner Konfirmassjon bin ich da verdammt nich inne chewesen." Auch in diesem Punkt steht es unter uns ganz verschieden: die Skala reicht von solchen, die sich in die Brust werfen könnten – das aber hoffentlich nicht tun –, bis zu solchen, die sich umgekehrt an die Brust *schlagen* müßten – das aber, wie ich fürchte, *auch* nicht tun. Natürlich hoffen wir, daß sich das von heute an bessert: eine Goldene Konfirmation gehört ja auch zu den legitimen Mitteln, den Gottesdienstbesuch zu steigern, daran ist gar nichts zu beanstanden. Aber das ist nicht das Entscheidende, es ist eher eine Nebensache zur Hauptsache. Die Hauptsache ist uns gesagt in unserem biblischen Text: *Jesus Christus gestern und heute und derselbe auch in Ewigkeit.*

Was ich bis jetzt gesagt habe, könnte in verschiedenen Schattierungen und wahrscheinlich viel besser von jedem und jeder von uns bei einer besinnlichen Gelegenheit gesagt werden. Was ich jetzt noch zu sagen habe, sage ich nicht als euer Mitkonfirmand von 1947/48, sondern als jemand, der den Auftrag hat, vor dieser Kanzel nichts Geringeres zu sagen als das, was von Gott her zu uns zu sagen ist. Es ist etwas, was wir alle uns nicht selber sagen können, was zu uns allen von anderswoher, von *ganz* anderswoher gesagt ist und was ich uns allen, mich eingeschlossen, nur stümperhaft weitersagen kann. Wir können über unser Gestern, Heute und Morgen viele Betrachtungen anstellen – hier in der Kirche geht es um Jesus Christus, der gestern, heute und morgen ist, und darum, was das für unser Gestern, Heute und Morgen heißt.

Jesus Christus, das ist: Gott bei uns Menschen. Der Schöpfer von Himmel und Erde, der uns nicht nötig hat und gegen dessen Gebot wir uns täglich vergehen, ist in dem Menschen Jesus von Nazareth an unsere Seite getreten, einer der unseren geworden, und er ist das bis zu dem schrecklichen Tod geworden, den Menschen ihm bereitet haben. Aber Jesus ist auferstanden, das heißt er lebt, lebt wie wir, nein ganz anders als wir, denn in seiner Ohnmacht lebt die Allmacht Gottes, ist sie unter uns, ist sie uns gegenwärtig, gestern, heute und morgen. Das sollte uns nahegebracht werden, als wir bei unserer Konfirmation zum ersten Mal an der Feier des heiligen Abendmahls teilnahmen, und es ist der Sinn dessen, daß wir das auch heute wieder tun.

Jesus Christus ist uns in diesen fünfzig und mehr Jahren gegenwärtig gewesen, nahe bei uns gewesen, und ist das heute und wird es auch morgen, in Zukunft, sein, näher als der nächste Mensch uns sein kann. Wir wissen das meistens nicht, weil wir ihn nicht sehen, wie wir uns und die anderen sehen. Und vielleicht wollen wir es auch gar nicht, finden es allenfalls überflüssig oder lästig, oder wenn wir etwas mehr von ihm und von uns wissen, dann erschrecken wir und bitten mit Petrus: „Herr, geh von mir hinaus, ich bin ein sündiger Mensch!" Wenn du zu mir, zu uns kommst, dann tritt doch nur ans Licht, was wir bei unseren Jubiläumsbetrachtungen und Selbstdarstellungen und ähnlichem mehr oder weniger elegant zu übergehen oder zu beschönigen pflegen: nämlich daß wir in mancher Hinsicht auch ziemlich verkorkste Existenzen sind, mit denen sich bei Lichte besehen, wenn zum Beispiel kein Jubiläum ist, nicht einmal vor den Menschen allzuviel Staat machen läßt, und schon gar nicht vor Gott. Mit der Bibel gesagt: wir ermangeln allesamt des Ruhmes, den wir bei Gott haben sollten. Auch etwas so Schönes und Heiteres und Sonniges wie eine Goldene Konfirmation könnte, ja müßte uns von da her eigentlich zum Schrecken werden. Die Gegenwart Jesu Christi im Abendmahl bestätigt uns nicht, sondern stellt uns bloß, entlarvt uns. Wir dürfen das unter gar keinen Umständen vergessen oder verdrängen, wir müssen uns dem stellen und es annehmen. Denn es ist die Wahrheit.

Aber es ist nur die eine Seite der Wahrheit, und nicht die wichtigere. Wer ist denn dieser Jesus Christus? Er ist, antwortet unser Text, gestern und heute und in Ewigkeit derselbe. Was heißt das? Es bleibt dabei: wir können ihn heute nicht sehen, wie wir uns selbst und die anderen sehen können. Aber es hat gestern Leute gegeben, die ihn jahrelang ausgiebig gesehen haben. Dieses Gestern ist, genau genommen, ein Vorgestern, das bald 40mal so lange her ist wie unsere Konfirmation, aber das macht grundsätzlich keinen Unterschied. Diese Leute haben den jüdischen Menschen Jesus von Nazareth gesehen und gehört, haben seine Nähe erfahren, mit ihm gelebt. Und das hat sie zu der festen Überzeugung, zu dem Glauben gebracht, in ihm sei die Gegenwart Gottes selbst unter ihnen zu spüren gewesen. In dieser Überlegung, diesem Glauben haben sie ihn, den Menschen Jesus von Nazareth, beschrieben. Diese Beschreibungen liegen uns in den vier Evangelien vor – nicht ohne kleinere und größere Unstimmigkeiten und Widersprüche untereinander, aber in der Hauptsache einhellig und eindeutig. Und worin besteht diese Hauptsache? Darin, daß Gottes Gegenwart unter uns, obwohl wir das überhaupt nicht verdient haben, gut, tröstlich, heilend und helfend ist. Das war damals so, das ist, weil Jesus Christus ja heute derselbe ist, auch heute so, heute um keine Nuance weniger als damals.

Und es wird auch morgen so sein, in der Zukunft. Unser Bibeltext sagt aber weder „morgen“ noch „in der Zukunft“, sondern *in Ewigkeit.* Damit greift er weit hinaus über das, was wir uns vorstellen können. Wir denken, was uns selbst betrifft, ein paar Jahre, allenfalls Jahrzehnte voraus, im Blick auf die, die nach uns kommen, noch eine Weile weiter – aber das ist es dann auch, und das bietet uns Stoff genug für wahre Wechselbäder von Erwartungen, Hoffnungen, Befürchtungen, Ängsten. Wenn Jesus Christus *derselbe auch in Ewigkeit* ist, dann rückt alles, was wir selbst uns mit Recht oder Unrecht über morgen und die Zukunft denken, in eine ganz andere Perspektive, in die Perspektive dessen, der Himmel und Erde gemacht hat und ihnen überlegen bleibt. Der Gedanke an seine Überlegenheit könnte uns erschrecken. Aber er tut das nicht, denn dieser Überlegene hat uns seine Absicht mit uns und der Welt in dem Menschen Jesus von Nazareth sehen lassen. Von da her kann der Gedanke an ihn nur gut, tröstlich, heilend und helfend sein – aber das nicht nur in reiner Betrachtung, sondern so, daß wir selbst aufgerufen sind, unsererseits, wo irgend wir können, Gutes zu tun, zu trösten, zu heilen und zu helfen. Das war gestern nötig, ist heute nötig und wird morgen nötig sein. Aber ich denke, es wird uns ein wenig – und nicht nur ein wenig – leichter gemacht durch den Gedanken an den, der gestern, heute und in Ewigkeit derselbe war, ist und sein wird.

Amen.